Hans Weichselbaum (Hg.)

Andreas Latzko und Hermann Bahr – eine Freundschaft aus rebellischem Geist

Forum: Österreich, Band 13
Herausgegeben von Jacques Lajarrige und Helga Mitterbauer

Andreas Latzko und Hermann Bahr – eine Freundschaft aus rebellischem Geist

Der Briefwechsel 1919–1933

Mit zwei Erzählungen von Andreas Latzko

Herausgegeben und kommentiert von Hans Weichselbaum

Frank & Timme
Verlag für wissenschaftliche Literatur

Umschlagabbildung: Lithographie Andreas Latzko von Fritz Willi Fischer, Salzburg um 1930.
Porträtzeichnung Hermann Bahr von Felix Harta, Salzburg 1919.

Gedruckt mit freundlicher Unterstützung von

LAND SALZBURG

STADT : SALZBURG

LAND OBERÖSTERREICH

Linz Kultur

Linz verändert

ISBN 978-3-7329-0695-6
ISBN E-Book 978-3-7329-9295-9
ISSN 2363-4855

Herstellung durch Frank & Timme GmbH,
Wittelsbacherstraße 27a, 10707 Berlin.
Printed in Germany.
Gedruckt auf säurefreiem, alterungsbeständigem Papier.

www.frank-timme.de

Inhaltsverzeichnis

Editorische Notiz 7

Siglen und Abkürzungen 9

Vorwort 11

ANDREAS LATZKO UND HERMANN BAHR:
BRIEFWECHSEL 1919–1933 25

ANHANG:
ZWEI ERZÄHLUNGEN VON ANDREAS LATZKO 135

Der Reiskönig 137

Der Doppelpatriot 149

Literaturverzeichnis 157

Abbildungsnachweis 159

Dank 161

Der Herausgeber 163

Editorische Notiz

Von 1919 bis 1933 standen Hermann Bahr und Andreas Latzko in brieflichem Kontakt, der nach einer vergleichsweise intensiven Phase zu Beginn der Freundschaft gegen Ende, vor allem aus gesundheitlichen Gründen, nur noch sporadisch gepflegt wurde. Solange Bahr noch in Salzburg wohnte, war ein mündlicher Austausch leichter zu organisieren als nach seiner Übersiedlung nach München 1922. Von den 70 brieflichen Mitteilungen sind 37 von Latzko an Bahr gerichtet, 25 von Bahr an Latzko; zwei Briefe schrieb Bahr an Stella, die (spätere) Frau Latzkos; in fünf Mitteilungen wandte sich diese an Bahr und fügte auch mehreren Briefen ihres Mannes an Bahr (meist kurze) Bemerkungen hinzu. Der letzte Brief enthält eine Anfrage an Latzko von Anna Bahr-Mildenburg, der Frau von Hermann Bahr, die Material für eine geplante Briefausgabe ihres Mannes sammelte.

Die Chronologie der Briefe ist weitgehend gesichert; wo dies nicht möglich war, ist ein entsprechender Hinweis angebracht.

Die Dokumente sind originalgetreu wiedergegeben, Fehler in Grammatik und Orthographie wurden übernommen, ebenso die häufig nicht regelkonforme Zeichensetzung. Dies gilt insbesondere für die Briefe von Stella Latzko. Einige gekennzeichnete Ergänzungen des Herausgebers sollen die Lesbarkeit erhöhen. Eindeutige kleinere Verschreibungen wurden stillschweigend korrigiert. Unterstreichungen entsprechen dem Original.

Die beiden Erzählungen im Anhang, die hier erstmals wieder in vollem Umfang gedruckt erscheinen, ergänzen in mehrfacher Hinsicht passend diesen Briefwechsel: Latzko hat sie im Zeitraum des Briefwechsels geschrieben. Beide sind damals in Salzburger Zeitungen erschienen und „Der Reiskönig" hat auch eine Kontroverse zwischen zwei Zeitungen ausgelöst. In dieser Erzählung gestaltete Latzko die fatalen Folgen einer gewaltbereiten, besitzsüchtigen Lebenseinstellung, die auch Bahr letztlich für sich ablehnte (Ausnahme: das Buch „Kriegssegen"). Die groteske Handlung von „Der Doppelpatriot" führt die starrköpfige Haltung des Nationalismus vor Augen und *ad absurdum* – ein zentrales Thema für Andreas Latzko.

Siglen und Abkürzungen

AL	Andreas Latzko
B	Brief
HB	Hermann Bahr
Ms	Manuskript
o.D.	ohne Datum
o.J.	ohne Jahr
o.O.	ohne Ort
PK	Postkarte
Ps	Poststempel
Ts	Typoskript
verm.	vermutlich
x	unlesbarer Buchstabe
X	unlesbares Wort
[…]	unleserliche Stelle oder Auslassung
<…>	Textergänzung durch den Herausgeber
{…}	erschlossene Angabe
[!]	Fehler so im Original

Vorwort

Als Andreas Latzko am 28. November 1900 im Korridor des Ungarischen Nationaltheaters Hermann Bahr interviewte, stand dieser im deutschen Sprachraum bereits weit oben auf der Karriereleiter eines Dramatikers und bedeutenden Literatur- und Kulturtheoretikers. Anlass für Bahrs Reise nach Budapest war die Premiere seines 1898 fertiggestellten Lustspiels „Der Star“ [32][1], in dem er sich mit dem schwierigen Verhältnis von Theaterwelt und „normalem“ Leben beschäftigte. Dieses Thema musste auch Latzko interessieren, denn er hatte sich erst vor kurzer Zeit für die Existenz eines Schriftstellers entschieden – gegen den Willen seines Vaters, der in ihm seinen Nachfolger in der Leitung eines Bankhauses sah, was sich Andreas, der älteste Sohn von sechs Geschwistern, nicht vorstellen wollte. Auch eine dreimonatige Reise durch europäische Großstädte konnte ihm eine solche berufliche Zukunft nicht erstrebenswert machen. Der Vater resignierte und meinte: „Willst du von keinem anderen Beruf wissen, dann versuch, ob das Dichten allein dich ernährt.“[2]

Ein erster Erfolg schien dem Sohn recht zu geben: Nach dem Militärdienst als Einjährig-Freiwilliger schrieb er in kurzer Zeit sein erstes Theaterstück „Zehn Jahre“ (ung. „Tiz év“), das am 29. Oktober 1898 im Ungarischen Theater (Magyar Színház) aufgeführt wurde; Latzko empfand das als „berauschende Wunscherfüllung“[3]. Als er Hermann Bahr interviewte, wird er gerade an seinem zweiten Drama „Geschwister“ (ung. „Testvérek“) gearbeitet haben, das 1901 so wie Bahrs „Der Star“ auf der ersten Bühne des Landes aufgeführt wurde. Bahr scheint bei diesem Interview Latzko in seinen literarischen Ambitionen nicht gerade bestärkt zu haben, denn bei seiner Antwort auf die Frage nach seiner Ansicht über die junge ungarische Literatur wurde der „ahnungsvolle Engel“ das Gefühl nicht los, dass Bahr „irgendwie nicht sehr von Respekt erfüllt“ schien [32].

Der Wechsel nach Berlin und damit auch der Wechsel der Sprache sollte Latzko weitere Möglichkeiten eröffnen. Die Anregung dazu kam offenbar von

1 Die Zahlen in eckiger Klammer beziehen sich auf die Nummern der Briefe.

2 Latzko/Latzko-Otaroff 2017: 82.

3 Ebd.: 83.

Max Reinhardt, der sich mit dem Berliner Deutschen Theater zu einem Gastspiel in Budapest aufhielt. Er beabsichtigte, in Berlin eine neue Kleinbühne zu gründen. Die deutsche Sprache war Latzko von der Mutter her, die aus Wien stammte, nicht ganz fremd. Aber trotzdem bedeutete es für ihn einen „harten Kampf", sich diese Sprache „in heißen Mühen gefügig" zu machen.[4] Er konnte in Berlin seine Laufbahn als Dramatiker mit der Aufführung von zwei Stücken am Residenztheater 1902 fortsetzen („Die Frau des anderen" und „Ich liebe sie"). 1905 folgte im ein Jahr zuvor eröffneten Berliner Lustspieltheater das Lustspiel „Hans im Glück", das später auch in Wien zu sehen war. Im selben Jahr inszenierte Max Reinhardt im „Kleinen Theater" Hermann Bahrs Schauspiel „Sanna". Es gibt keinen Hinweis darauf, dass sich Latzko und Bahr aus diesem Anlass getroffen hätten, obwohl das Interesse Latzkos an Bahrs Produktionen durchaus gegeben war, denn er weist ihn später darauf hin, dass sie nach der Premiere von Bahrs Stück „Meister" eine Nacht lang zusammengesessen seien und debattiert hätten [1]. Mit der Vermutung, dass Bahr das „gewiss nicht mehr" wisse [1], schätzte Latzko die Bedeutung dieses Gesprächs für Bahr sicher nicht falsch ein. Die Zweifel an der Möglichkeit einer rational bestimmten Lebensgestaltung, die Bahr in diesem Stück äußert, werden für Latzko überlegenswert gewesen sein. Es kann als „ein weiterer Meilenstein auf dem Weg zu Bahrs politischer Bekehrung gesehen werden"[5]. Gemeint ist damit seine Hinwendung zum Katholizismus. Eine Blinddarmoperation 1903, durchgeführt von Julius Schnitzler, dem jüngeren Bruder Arthur Schnitzlers, hatte beinahe tödliche Folgen und beeinträchtigte seine Gesundheit noch im Jahr darauf. Neben seiner Enttäuschung über die Wiener Verhältnisse dürfte diese Erfahrung zu seiner weltanschaulichen Wende und dem Weggang aus Wien beigetragen haben.

Unklar ist, welche Ursache es für die Intrige gegeben haben könnte, die zum Zerwürfnis zwischen Andreas Latzko und Max Reinhardt führte. Es wurden jedenfalls die Proben zu einem neuen abendfüllenden Stück abgebrochen und das Stück selbst wurde aus dem Programm genommen. Es dürfte sich um die Komödie „Apostel" gehandelt haben, die dann 1911 im Berliner Hebbel-Theater aufgeführt wurde. Erst in Salzburg traf er wieder mit ihm zusammen.[6] „Apostel" war die letzte Arbeit Latzkos als Dramatiker; er publizierte in der

4 Latzko 1919.

5 Daviau 1984: 210.

6 Eintragung im Tagebuch von Hermann Bahr für 1920. Archiv Theatermuseum Wien.

Folge hauptsächlich Prosa (Romane, Novellen, Erzählungen, Reiseberichte, Essayistisches) und auch Lyrik.

Als erste Prosaarbeit veröffentlichte Latzko 1906 den *Roman des Herrn Cordé*, einen schmalen Band, für den nicht leicht ein Verleger zu finden war. 1913 erschien im Rowohlt Verlag der umfangreichere Roman *Der wilde Mann*, in dem, wie schon im *Herrn Cordé*, die Geschlechterproblematik im Zentrum steht. Den roten Faden bildet eine schwierige Beziehung zwischen der weiblichen Hauptfigur und einem Schriftsteller, der durch Herkunft und Erziehung zu einem Sonderling geworden ist.

Latzkos Vater starb 1912. Das beträchtliche Erbe wurde unter den drei Brüdern aufgeteilt. Die beiden jüngeren erhielten das Bankhaus in Budapest bzw. ein großes Landgut in der Nähe von Tatabánya [30], Andreas wurde in entsprechender Höhe finanziell abgefertigt. Er konnte sich damit weite Reisen nach Ägypten, Vorder- und Hinterindien und nach Ceylon (heute Sri Lanka) leisten. Über seine Eindrücke schrieb er Reiseberichte, die in den Tageszeitungen *Het Volk* (Amsterdam) und *Die Zeit* (Wien) erschienen. Nach dem Ersten Weltkrieg wurden sie in Wiener Zeitungen nachgedruckt. Spuren dieser Reiseerfahrungen sind auch in der Erzählung „Der Reiskönig" (in diesem Band) zu finden. Aber nicht nur anschauliche Berichte brachte Latzko von dort mit, sondern auch eine tückische Malariaerkrankung, die ihm bis zu seinem Lebensende zu schaffen machte.

Der Ausbruch des Ersten Weltkriegs führte zu unterschiedlichen Reaktionen: Hermann Bahr war begeistert und betätigte sich in Zeitungsbeiträgen und mit dem Buch „Kriegssegen"[7] als Propagandist des Krieges. In pathetischer Sprache drückte er darin seine Freunde über dieses Ereignis aus. Der titelgebende Text beginnt mit dem Satz: „Einen Kriegssegen will ich sprechen, den Segen aussprechen, der auf allen Lippen liegt, denn wir alle, so weit es Deutsche gibt in der weiten Welt, alle segnen, segnen, segnen diesen Krieg!"[8] oder: „Wir haben uns nicht verwandelt, wir haben uns nur gefunden, wir haben heim gefunden, in unser Wesen heim."[9] Bahr selbst war allerdings mit 51 Jahren zu alt für den Kriegsdienst.

Andreas Latzko stellte sich hingegen als Freiwilliger, denn er wollte kein Feigling sein, sondern in Kenntnis der wahren Verhältnisse glaubwürdig über seine Zeit schreiben, auch als Gegner des Krieges. „Vor dieser Vision der un-

7 Bahr 1915.

8 Ebd.: 19.

9 Ebd.: 26.

heilbaren moralischen Lähmung verblasst das Bedenken gegen persönliche Beeinflussung meines Schicksals."[10] Wegen seines Alters und mangelnder Kenntnisse der Waffentechnik wurde er zunächst als unbrauchbar freigestellt. Er beharrte aber auf seiner Bereitschaft zum Kriegsdienst mit der Waffe und der 38-Jährige wurde schließlich als Leutnant eines Feldkanonenregiments an der italienischen Isonzo-Font eingesetzt. Die Gräuel des Stellungskrieges, verschärft durch seine Malariaerkrankung, führten nach 14 Monaten zu einem posttraumatischen Belastungssyndrom („Kriegszitterer"), das ihn kriegsuntauglich machte. Eine Kommission genehmigte ihm Ende 1916 einen einjährigen Kuraufenthalt in der Schweiz, allerdings auf eigene Kosten. In Davos begann er seine Kriegserfahrungen in Novellen zu verarbeiten. Der Zürcher Verleger Max Rascher, der sich auf pazifistische Literatur spezialisierte, gab sie als Buch mit dem Titel *Menschen im Krieg* heraus; die erste Auflage erschien anonym.

Obwohl dieses Buch in allen kriegführenden Staaten verboten war, bekam es Hermann Bahr zu lesen, als er im Oktober 1917 in einer Münchner Buchhandlung fragte, ob nicht auch in deutscher Sprache ein Buch ähnlich „Le Feu" des Franzosen Henri Barbusse, das gerade übersetzt werde, erschienen sei. Der Buchhändler drückte ihm die anonyme Ausgabe von „Menschen im Krieg" in die Hand. Bahr begann zu lesen und es wirkte so stark auf ihn wie nichts, was ihm sonst an deutscher Kriegsliteratur bekannt geworden war:

> Vor Erregung bebend, eines verhaltenen, mit Gewalt immer wieder zurückgedrängten inneren Aufruhrs kaum Herr und umso wirksamer, je mehr es sich eines bloß ruhig Bericht erstattenden Tones befleißigt und nichts als melden, unbekümmert erzählen will, ohne zu tadeln oder auch nur zu klagen, stellt es erschütternd dar, was unkriegerische Menschen im Kriegsdienst durchmachen. Bei der Stellung wird man ja bloß untersucht, ob der Leib tauglich ist. Ob auch die Seele kriegstauglich ist, das bleibt ungeprüft.[11]

Im zweiten Fall hat man es nach Bahr mit einem Feigling zu tun, auch wenn es nicht stimmt,

10 Latzko/Latzko-Otaroff 2017: 119.

11 Bahr, Hermann: Tagebuch. In: *Neues Wiener Journal* v. 11. 11. 1917, S. 5.

> daß der Feigling darum gleich ein schlechter Kerl sein muß. […] Im Gegenteil: gerade seine Verträglichkeit, Nachgiebigkeit, Versöhnlichkeit, Friedfertigkeit, Gutmütigkeit, seine Neigung, lieber selbst ein Unrecht zu leiden, um nur Ruhe zu haben, seine Bescheidenheit, sein leises, fast ängstliches Auftreten, seine Bereitwilligkeit, Platz zu machen, sie sind's doch, denen er seinen guten Ruf, sein Ansehen, das er genießt, sein rechtschaffenes Glück, die Freundschaft und Achtung seiner Mitbürger, die Beliebtheit in der ganzen Stadt verdankt! Und auf einmal? Aber das hätte man ihm halt wenigstens vorher sagen müssen![12]

Der Feigling, meint Bahr, könne gewissermaßen nichts dafür, dass er in eine falsche Situation geraten sei. Er kann sie nur als Unglück verstehen und denken: „Wär's nur schon vorüber, wär er nur lieber schon tot!" Aber trotz der starken Wirkung beweisen diese Erzählungen für Bahr nichts gegen den Krieg, denn:

> Der Krieg ist herrlich und scheußlich zugleich. Er ist herrlich für den geborenen Helden, der in Friedenszeiten nicht weiß, was er eigentlich mit sich anfangen soll, und er ist scheußlich für den Feigling, der dabei doch ein wertvolles Glied der menschlichen Gesellschaft sein kann.[13]

Auch die Lektüre einer ihn beeindruckenden Anti-Kriegsliteratur kann Bahrs Wertschätzung des Krieges also nicht schmälern; sie bewirkt höchstens ein gewisses Bedauern. Selbst *Le Feu* von Barbusse, das in seinen Augen künstlerisch *Menschen im Krieg* überlegen ist, erschüttere dort am tiefsten, wo die Leser das Gefühl haben: „Und eigentlich sind das aber ja lauter ganz harmlose brave Bürger, die da plötzlich in den Krieg getrieben werden."[14]

Vielleicht hat Bahr in Latzko einen solchen gesehen, als er erfahren hat, dass dieser der Verfasser von *Menschen im Krieg* ist. Latzko hat Bahrs Überlegungen zu seinem Buch offenbar gelesen, denn im ersten Brief von 1919 an ihn aus der Schweiz [1] knüpft er an diese Besprechung an, ohne sich zum Inhalt zu äußern. Sie war für ihn ein Anlass, seiner Enttäuschung darüber Ausdruck zu verleihen, dass sich nach Kriegsende kaum noch Abnehmer für pazifistische Literatur fänden, was für ihn immer mehr zu einem finanziellen

12 Ebd.

13 Ebd.

14 Ebd.

Problem werde. Für Bahr war damit klar, wer der Verfasser des zunächst anonym erschienenen Buches war; ob er es schon vorher erfahren hat (die weiteren Auflagen sind mit dem Namen des Verfassers erschienen), ist unklar.

Das Leben in der Schweiz wurde für Latzko immer schwieriger: Seine Frau Paula Köbel starb im April 1919 in Bern an Krebs, die materielle Grundlage sah er wegen der Währungssituation nicht mehr gesichert; seine Existenz sei ihm „vollkommen zusammengebrochen“ [3]. Er zog in eine kleinere Wohnung und überlegte, ob er nicht so wie Stefan Zweig, mit dem er seit einer Lesung in Davos freundschaftlichen Kontakt hatte, nach Salzburg oder in die Nähe davon ziehen sollte. Er ersuchte neben Stefan Zweig auch Hermann Bahr um Hilfe, da ihm bekannt war, dass dieser in Salzburg lebte.

Das überschwängliche Lob zu Bahrs *Dialog vom Marsyas*, das ihm Latzko aus Berlin schickte, sollte wohl auch die Hilfsbereitschaft Bahrs fördern helfen [2]. Österreichischen Gepflogenheiten entsprechend verwendete er die Anrede „Herr Doktor“, auch wenn Bahr diesen Titel nie hatte. (Seine Dissertation zum Thema *Die Entwicklung vom Individualismus zum Sozialismus* war in Berlin 1886 als ungeeignet abgelehnt worden.) Gleich nach seiner Ankunft in Salzburg bat Latzko aus einem Hotel Bahr, seine „reiche Erfahrung in Salzburger Angelegenheiten […] konsultieren“ [4] zu dürfen. Im Tagebuch von Hermann Bahr gibt es für 1920 eine Reihe von Eintragungen, in denen ein Treffen mit Andreas Latzko dokumentiert ist.[15] Häufig ist auch die Baronin Helene Thienen mit dabei. Sie besuchten beispielsweise am 9. Juni einen „verstörten“[16] Dr. Felix Fahrner, Gutsbesitzer am Schallmoser Robinighof, der ein schweres Neven- und Magenleiden hatte, vermutlich eine Folge des Krieges, den er als Hauptmann an der italienischen Front in Südtirol mitgemacht und in der Folge 25 kg abgenommen hatte. Auf Grund solcher Erfahrungen dürfte er für Latzko interessant gewesen sein. Dr. Fahrner verfasste darüber einen Bericht (*Salzburger Landsturm im Hochgebirgskrieg*), den er 1922 im Selbstverlag herausgab. Diesen schrieb er auch für seine Freunde in den USA (Kansas), wo er sich 1904 aufgehalten hatte, damit sie sich eine Vorstellung von einem Krieg im Gebirge machen konnten.[17]

Bei den Spaziergängen an den Hängen des Gaisbergs schüttete Latzko gegenüber Bahr sein Herz aus und sah sich selbst als „eine Antenne, alles Welt-

15 Tagebuch Hermann Bahr. Archiv des Theatermuseums Wien.

16 Ebd. Heft 1920: 29.

17 Als Ökonom schrieb er eine „Untersuchung der landwirtschaftlichen Verhältnisse des Herzogtums Salzburg“, 1905 in Bamberg erschienen.

leid auffangend", wie Bahr notierte.[18] Er besuchte ihn im Parscher Sanatorium, wo Latzko – vergeblich – eine Morphium-Entwöhnungskur machte; die Malaria-Anfälle wiederholten sich. Latzko gab ihm seine Komödie *Apostel* zu lesen; eine Reaktion ist nicht bekannt.

Die Suche nach einer Wohnung war immer wieder ein Thema. Das Ergebnis muss für Latzko offenbar ganz unbefriedigend gewesen sein, wie es ein Brief [5] erahnen lässt. Er entschied sich für die Anrede „Sehr verehrter, lieber Herr Bahr"; dabei blieb er bis zuletzt. Für eine Anrede als „Freund" blieb der Respektsabstand offenbar zu groß, auch wenn Bahr vom ersten Brief weg dieses Wort gebrauchte [6][19]; dass beide beim „Sie" geblieben sind, ist für die Zeit nichts Ungewöhnliches. Erst Ende 1920 hat die Kommunikation zwischen ihnen nicht nur persönlich oder telefonisch, sondern auch in Briefen stattgefunden. Der erste von Bahr ist ein kurzes Dankesschreiben für ein „woltuendes[!] Paket" von Latzko. Da Bahr „Ihnen beiden wie dem Filius […] zum Christkindl und fürs neue Jahr" [6] alles Gute wünscht, kann man davon ausgehen, dass Bahr die neue Partnerin Latzkos, die aus Georgien stammende Stella Otaroff, verheiratete Frau Homann, bereits kannte. Sie scheint ihm gefallen zu haben und er fand sie sehr sympathisch, was auch umgekehrt zutraf; es gibt mehrere gegenseitige Briefe, trotz der Scheu Stellas hinsichtlich ihrer mangelhaften Deutschkenntnisse. Latzko spricht von ihr immer wieder von der „kleinen Frau", was von ihm nicht abschätzig gemeint war, sondern mit ihrer Körpergröße und seiner Bewunderung für ihre Leistungen in der Bewältigung des Alltags zu tun gehabt haben wird.

Als die Suche nach einer Wohnung ergebnislos blieb, entschloss sich Latzko zu einem Aufenthalt in Italien, finanziert mit Zeitungsbeiträgen und dem Verkauf seiner Möbel [18]. Zusammen mit Stella verbrachte er in Alassio an der ligurischen Küste von Februar bis Ende November 1921 eine weitgehend glückliche Zeit. Sie hofften darauf, dass auch Bahr mit seiner Frau Anna Bahr-Mildenburg, der „Frau Professor" – sie unterrichtete bereits an der „Akademie der Tonkunst" in München –, wenigstens für ein paar Wochen nachkommen werde. Bahr machte ihnen auch in einem Brief an Stella eine gewisse Hoffnung [8], denn er schätzte Latzko mittlerweile als Gesprächspartner und bedauerte seine Abwesenheit: „Wenn es in einer Stadt kaum drei oder vier Menschen gibt, die zu kennen der Mühe wert ist, und einer davon geht nun weg, so

18 Tagebuch Hermann Bahr. Archiv des Theatermuseums Wien. Heft 1920: 69.

19 In seiner Autobiographie schreibt Bahr allerdings von seinem „Gefühl tiefer Fremdheit" und meint: „Freunde zu haben, lag niemals in meiner Natur." – Bahr 1923: 38 u. 60.

kommt sie einem ganz leer vor.“ [8] Gegenüber Stella klagte er an anderer Stelle über Salzburg: „[…] der hiesige Mangel an Menschen, bei solchem Überfluss an Leuten, macht mich manchmal doch frieren.“ [12] Die beiden nach Italien Geflüchteten stellten detaillierte Überlegungen an, wie sie Bahr einen Aufenthalt in Alassio schmackhaft machen könnten [11, 13, 16, 17]. Als besonders anziehend wurden die Schönheit der Landschaft und die günstigen Lebenshaltungskosten dargestellt, denn Latzko wusste offenbar mittlerweile, dass Bahr, so wie er selbst, manchmal knapp bei Kasse war.

Latzko wollte in Italien aber auch sein nächstes Romanprojekt weiterbringen und hoffte, „den ganz, oder fast schon fertigen Roman im Rücken“ [13], wenigstens im September mit Bahr spazieren gehen zu können. Er kam dabei anscheinend auch gut voran – „die Manuskriptseiten mehren sich wie die Kaninchen“ [13] –, fragte Bahr auch um seine Meinung zu dem geplanten Titel *Der Pfad zur Güte*, musste aber Ende Oktober feststellen, dass er „mit einem nur halbfertigen Roman“ [18] zurückkehren werde. Es sollte noch zehn Jahre dauern, bis dieser schließlich mit dem Titel „Sieben Tage“ im Wiener Krystall Verlag erscheinen konnte.

Nach der Rückkehr über Venedig („um uns den Abschied noch recht schwer zu machen“ [20]) mietete sich Latzko mit Stella und seinem 20-jährigem Sohn Willy im Schloss Lasseregg in Niederalm bei Anif, zwölf Kilometer südlich von Salzburg, ein. Die Bewältigung des Alltags war mühsam, besonders für Stella und wenn sie Besuch aus Amsterdam hatten. Die „kleine Frau“ war dann „ganz allein Stubenmädchen, Köchin, Wäscherin, Büglerin, Flickerin und Stopferin, und auch Laufbursche noch.“ [29] Er selbst konnte nur „die Hilfe des Dummen August“ leisten, „Schuhputzen, Teppichkehren, einigemale statt ihrer die Treppen laufen, voilà tout.“ [29]

Hermann Bahr war dort öfter zu Besuch, wie sich Stella erinnerte: „Bahr war groß, hatte lange Haare, einen langen Bart und trug meistens einen Regenmantel. Beim Erzählen und Debattieren beschrieben seine Hände breite, schöne Gesten, und seine klugen Augen glänzten und funkelten. Etwas Bezauberndes ging von ihm aus. Er war sehr einfach, sein Wesen sauber und edel.“[20] Bei Gesprächen in der Bauernstube oder auf Spaziergängen, an denen sich manchmal auch Stefan Zweig beteiligte, provozierten sie sich nicht selten gegenseitig. Es war ein freundschaftlicher Streit, denn Stella hatte in Erinnerung, dass Bahr den „rebellischen Geist Latzkos“ liebte, „weil er sich ihm innerlich

20 Latzko/Latzko-Otaroff 2017: 210.

verwandt fühlte".[21] Die Rebellion hatte bei Bahr freilich recht unterschiedliche Richtungen, denn er definierte sich in einer Anekdote angeblich so: Nachdem ein Gast – vermutlich bei einer Einladung – ins Stammbuch geschrieben hatte „Immer derselbe", schrieb er als seinen Wahlspruch darunter „Niemals derselbe!"[22] In diesem Sinn meinte er in seiner Autobiographie: „[…] möglichst vielspännig zu kutschieren blieb noch jahrelang meine Lust."[23]

Wenn die Latzkos gemeinsam in der Stadt unterwegs waren, wurden sie von manchen misstrauisch beobachtet und sie kamen sich dabei vor wie in einem „umgekehrten zoologischen Garten, wo die Raubtiere frei herumlaufen und die beiden Zuschauer hinter Gitter[n] sitzen", wie Latzko sich in einem Brief an seinen holländischen Freund Jo Ankersmit einmal ausdrückte. Er habe sich daran gewöhnt „mit schlecht verborgenem Haß"[24] angesehen zu werden. Eine ähnlich ablehnende Haltung bekam auch Bahr manchmal zu spüren, wozu nicht zuletzt sein ungewöhnliches Äußeres beitrug. In einem Brief von Helene Buschbeck aus Salzburg an ihren Sohn Erhard in Wien, der mit Bahr befreundet war, berichtete sie von einer zufälligen Begegnung mit Bahr bei einem Spaziergang. Ihre Begleiterin habe ganz entsetzt ausgerufen: „Schaun's, da geht ein Wilder!"[25] Bahr war öfter bei Helene Buschbeck zu Besuch und scheint bei seinen späteren Aufenthalten manchmal auch in ihrem Haus genächtigt zu haben. Sie stammte aus einer protestantischen Familie und hatte mit Bahrs demonstrativem Katholizismus ihre Probleme. Als sie einmal einer Bekannten mehrere Salzburger Kirchen zeigte, konnten sie in der „Pfarrkirche" (= Franziskanerkirche) zufällig Bahr beobachten, wie „er unter fortwährendem Bekreuzen und Niederknien" an drei Altären Kerzen anzündete. Im Brief an den Sohn schrieb sie kommentierend dazu: „Ich habe unbedingte Achtung vor gläubigen Menschen, wenn aber der Glaube so ostentativ dem Publikum dargebracht wird, scheint er mir Komödie."[26] Margarethe Langen, eine Schwester des Dichters Georg Trakl, drückte sich weniger gepflegt aus,

21 Ebd.: 211.

22 Ebd.

23 Bahr 1923: 203.

24 Brief A. Latzko aus Salzburg an Johan Ankersmit in Amsterdam v. 23. 6. [1923]. – International Institute of social history, Amsterdam.

25 Brief Helene Buschbeck aus Salzburg an Erhard Buschbeck in Wien v. 29. 11. 1912. – Archiv der Georg-Trakl-Forschungs- und Gedenkstätte Salzburg, nicht inventarisiert.

26 Brief Helene Buschbeck aus Salzburg an Erhard Buschbeck in Wien v. 5. 12. o.J. – Archiv der Georg-Trakl-Forschungs- und Gedenkstätte Salzburg, nicht inventarisiert.

wenn sie an Erhard Buschbeck, mit dem sie kurzzeitig liiert war, aus Salzburg schrieb:

> Über Deinen Freund Bahr wirst Du wohl von anderer Seite Nachricht erhalten. Er macht hier zu meinem Ärger alle Kirchen unsicher; schon um ½ 8 Uhr rutscht er auf den Knien in der Pfarrkirche herum. Es ist um die Wasserspeib zu kriegen.[27]

Als sie sich später in Berlin einsam fühlte, meinte sie allerdings einer näher nicht bekannten „Frau Doktor" gegenüber: „Die Einsamkeit wird mir jetzt oft zum Sarg. Wenn es hier zumindestens Kirchen gäbe! Wie bei uns, man weiß wo man hingehört."[28] Dass Latzko Bahrs Religionsverständnis und -praxis nicht teilen konnte, ist nicht weiter verwunderlich.

Als Bahr nach längerem Suchen in München eine Unterkunft gefunden hatte, wo er mit seiner Frau zusammen wohnen konnte, und der Umzug Anfang Mai bevorstand („Ich bin seit vierzehn Tagen in größter Unordnung" [22]), machte sich Latzko Hoffnungen, dass er seine Wohnung im Salzburger Arenbergpalais übernehmen könnte. Bahr musste abwinken, denn die Münchner Wohnung erhielt er nur im Zuge eines Wohnungstausches [23].

Andreas Latzko und Stella Homann hatten schon länger vor zu heiraten. Bahr sollte ihnen dabei behilflich sein, denn es gab für die Eheschließung mehrere Hindernisse: Stella war griechisch-orthodoxer Konfession, hatte Herrn Homann nach protestantischem Ritus (vermutlich in Odessa) geheiratet und betrachtete diese Ehe als nicht mehr existent. Bahr empfahl Wolfgang Heine, seinen Freund aus Berliner Studienzeiten, Politiker und Anwalt, zur juristischen Klärung dieser Probleme, die sich in die Länge zog. Er erreichte schließlich, dass die Homann-Ehe für ungültig erklärt wurde [34], was Stella zu der Feststellung veranlasste: „Namen habe ich jetzt vorläufig gar keinen." [28] Eine Rückkehr zu ihrem Mädchennamen Otaroff zog sie nicht in Erwägung. Sie wollte kirchlich heiraten und war bereit, der römisch-katholischen Kirche beizutreten, da ihr der katholische Glaube „der sympathischste Glauben sei von jeher" [25]. Bahr suchte deswegen sogar den Erzbischof Ignatius Rieder auf, um Genehmigungen für Übertritt und Eheschließung zu erwirken.

27 Brief Margarethe Langen aus Salzburg an Erhard Buschbeck, verm. Dresden, verm. Dez. 1915. – In: Weichselbaum 2005: 219.

28 Brief Margarethe Langens an eine unbekannte „Frau Doktor" ohne Adresse und Datum. – In: Weichselbaum 2005: 222.

[26] Latzko selbst war als assimilierter Jude katholisch getauft. Aus der Dispens wurde aber nichts [39] und beide schlossen daher eine „Notzivilehe", wie sie seit 1868 für Paare vorgesehen war, für die kein staatliches, aber ein kirchliches Ehehindernis bestand. Bahr wollte zwar zur geplanten kirchlichen Trauung kommen [35], der zivilen Trauung, in Latzkos Augen ein „Geschäftskontrakt" [39], blieb er fern [44]. Stella tröstete der Umstand, dass wenigstens ein „Kruzifix mit zwei Kerzen vor dem Standesbeamten" stand [45]. Nun konnte sie offiziell den Namen „Latzko" tragen, der Vorname „Stella" blieb ihr als latinisierte Form des georgischen „Asterik" (vom griechischen „asterikon" = Sternchen) ohnehin.

In einer weiteren Angelegenheit erhoffte sich Andreas Latzko Hilfe von Hermann Bahr: Er wurde nämlich von der *Salzburger Chronik*, einer klerikalkonservativen Tageszeitung, im Jänner 1923 in einem Beitrag mit dem Titel „Schriftsteller der Schieberzeit" heftig angegriffen. Ihm wurde vorgeworfen, dass er das Rätesystem in Bayern und Ungarn unterstützt habe und mit seinen Büchern den Feinden „überaus sehr nützlich" gewesen sei. [40] Außerdem habe er mit seiner Erzählung *Der Reiskönig*[29] „völkische und sittliche Zersetzungsarbeit"[30] geleistet, weil er darin „deutsche Wesensart" negativ dargestellt habe. Latzko wusste nicht, wie er darauf reagieren sollte und fragte Bahr um Rat. [40] Der Angriff war ihm nämlich auch deswegen unangenehm, weil es Bahr schaden könnte, wenn der Erzbischof von Latzko das Bild eines „bolschewistischen Agenten und Vaterlandverkäufers" [40] vermittelt bekomme, für den sich Bahr wegen der Eheschließung eingesetzt habe: „Wir denken schon, ob vielleicht diese Intrigue auch unsere Heiratspläne durchkreuzte?" [40] Bahr meinte, dass er in dieser Angelegenheit die falsche Adresse sei, denn auf Lügen in Zeitungen antworte er niemals. [41] Er kam aber doch nach Salzburg und verfasste zusammen mit einem befreundeten Notar ein Dementi, das alle diese Behauptungen und Vermutungen zurückwies; dieses wurde dann in der *Salzburger Chronik* auch abgedruckt.[31] Damit war die Angelegenheit für Latzko erledigt, er wollte nicht zum Spielball für konkurrierende Zeitungen werden: Die *Salzburger Chronik* verübelte ihm offenbar, dass er seinen Roman „Der wilde Mann" dem Konkurrenzblatt zur Verfügung gestellt hatte. Er er-

29 Latzko 1922: 3–4. Siehe auch Anhang.

30 A. B.: Schriftsteller der Schieberzeit. – In: *Salzburger Chronik* v. 21. 1. 1923, S. 5.

31 Latzko, Andreas: Schriftsteller der Schieberzeit. – In: *Salzburger Chronik* v. 2. 2. 1923, S. 3.

schien dort im Sommer 1921 mit einer wohlwollenden Einleitung, in der ihm „Reife der Gestaltung und Eigenart des Schauens“ zugestanden wurde.[32]

Dass die Sozialdemokratie, mit der er sympathisierte, nur ein „gemässigtes“ Interesse an ihm hatte, bedauerte er und definierte seine politische Position mit dem Satz: „Für rechts – zu links, für die Linke zu rechts, also von allen Seiten gesehen ein Schweinehund“ [42]. In seinem Antwortbrief bezeichnete Bahr diese Haltung als „die einzig menschenmögliche“ [43].

Die Sommermonate in Salzburg zu bleiben, war für Latzko wegen der in der Festspielzeit gestiegenen Hotelkosten immer wieder ein Problem. 1922 nahm er das Angebot seines Bruders an und verbrachte jedenfalls den August im ungarischen Dad bei Tatabánya [30]. Für diesen als Besitzer eines großen Landgutes und zweier Fabriken war es keine nennenswerte Belastung, eine „Literatenfamilie“ mit zu ernähren. Latzko fand es dort sehr schön und im Vergleich zu den Lebensbedingungen in Salzburg auch bequem. Er hätte dort bleiben können, aber seine Weltanschauung und die daraus erwachsenen literarischen Zielsetzungen hielten ihn davon ab; er hätte sonst nicht mehr er selbst bleiben können und „ununterbrochen auf nah verwandten Hühneraugen“ stehen müssen [30]. Den nächsten Sommer verbrachte er wieder im italienischen Alassio. Sein Freund Jo Ankersmit aus Haarlem, der ihm vorher eine Lesereise in den Niederlanden organisiert hatte, leistete ihm Gesellschaft. Über Venedig ging es Anfang September wieder zurück ins mittlerweile gewohnte Salzburger Hotel.

Am 3. Februar 1924 brachte Stella einen Sohn zur Welt [53], dessen Taufe ein weiterer Anlass zu einem Treffen mit Bahr war. Der Neugeborene sollte möglichst bald getauft werden und Bahr erklärte sich bereit, die Patenschaft zu übenehmen. Am 10. Februar fuhr er nach Salzburg und am Tag darauf wurde der Sohn als Desiderius G. H. in der Andräkirche getauft; den dritten Vornamen H. (= Hermann) erhielt er nach dem Taufpaten [54], den zweiten nach dem Onkel Gustav. Über die erfreuliche Entwicklung des Patenkindes erhielt Bahr immer wieder beruhigende Nachrichten.

Die Treffen wurden freilich immer seltener, seit Bahr in München wohnte. Die Strecke nach Salzburg war zwar selbst mit einem „Bummelzug“ [51] in gut fünf Stunden zu bewältigen, aber Bahr scheute die Mühe des Reisens und nahm sie am ehesten dann in Kauf, wenn er mit einer Fahrt nach Salzburg weitere Vorhaben verbinden konnte wie einen Urlaub am Attersee [57, 59] oder am Millstättersee [51]. Auch ein Arztbesuch konnte ein solcher Anlass

32 R-r [verm. Erwin H. Rainalter]: Andreas Latzko – In: *Salzburger Volksblatt* v. 13. 6. 1921, S. 3.

sein [67]. Mehrfach brachten die Latzkos zum Ausdruck, wie sehr sie sich über ein Treffen in Salzburg freuen würden. Latzko war immer bereit, für ein Quartier zu sorgen und es kränkte ihn geradezu, wenn Bahr seine Hilfsbereitschaft nicht in Anspruch nahm [55]. Er war ihm auch behilflich bei der Planung eines Kuraufenthaltes in Parsch bei Salzburg [57], den Bahr dann aber nicht antrat. Latzkos Bibliothek enthielt auch manches, was Bahr interessierte; er borgte sich beispielsweise Werke von Diderot oder Labiche aus [22, 59]. Gelegentlich scheint Latzko auch eigene neue Texte als Lektüre zur Verfügung gestellt zu haben [49].

Auch umgekehrt trafen sie sich in München nur dann, wenn die Reisepläne der Latzkos das zuließen bzw. nahelegten [47, 64].

Gesundheitliche Probleme schränkten die Beweglichkeit beiderseits erheblich ein. Bei Latzko waren es die unberechenbaren Folgen der Malariaerkrankung, meist Fieberschübe, und die damit zusammenhängende Morphiumabhängigkeit, die ihn nicht zu einer kontinuierlichen Schreibarbeit kommen ließen [5, 49]. Eine Kur im Parscher Sanatorium hatte keinen Erfolg. Weiters litt Latzko auch an schmerzhaften Magengeschwüren. Er versuchte ohne großen Erfolg sie in einem Sanatorium in Budapest zu behandeln; sie waren letztlich die Ursache für seinen Tod 1943.

Auch mit Bahrs Gesundheit stand es nicht zum Besten. Eine schwere Krankheit, vermutlich als Folge der missglückten Blinddarmoperation von 1903, hatte zu seiner religiösen Wende beigetragen: „Damals entschloss ich mich, alles abzulegen, was ich nicht mit hinüber nehmen kann, und fortan stets von Herzen bereit zu sein.“[33] Später belastete ihn der Morbus Menière,[34] eine Ohrenkrankheit, die zu starken Schwindelgefühlen unterschiedlicher Dauer führen kann. In München klagte er mehrmals über Grippe, einen grauslichen Katarrh [54], fürchtete „völlig verkalkt“ zu sein [55] und stellte bei sich „Neuralgieen […] in sämtlichen Nerven, die dem Menschen überhaupt verliehen sind“, fest und bezeichnete sich als Urgreis [57]. Die geplante Arsenkur in Parsch ließ er bleiben, zwei Jahre später diagnostizierte er bei sich, in Anlehnung an Theodor Fontane, eine „völlige Nervenpleite“ [65], wollte aber trotzdem noch einmal nach Salzburg zu dem bekannten Augenarzt Anton Toldt [67]. Nach dieser deprimierenden Mitteilung Bahrs gibt es nur noch einen Brief Stellas, in dem sie von der Kur ihres Mannes in Budapest berichtete [68], und ein etwas formelles, doch freundschaftliches Gratulationsschreiben der

33 Latzko/Latzko-Otaroff 2017: 210.

34 Mitteilung Dr. Kurt Ifkovits.

Latzkos aus Amsterdam, wo sie seit 1931 wohnten, zum 70. Geburtstag von Hermann Bahr im Juli 1933. Sie berichteten darin hauptsächlich „in alter, dankbarer Freundschaft" über die Entwicklung seines Patenkindes Desiderius [69]. Stella dankte für die „Unvergesslich […] schönste[n] Zeiten", die sie mit ihm verbringen durften. Bahr musste den Dank für die Gratulation seiner Frau überlassen; er selbst war dazu nicht mehr in der Lage.

Anna Bahr-Mildenburg war es auch, die nach dem Tod Hermann Bahrs am 15. Jänner 1934 um seinen Nachlass bemüht war. 1936 bat sie Andreas Latzko um die Briefe ihres Mannes in Abschrift oder um die Originale, um selbst eine Abschrift anfertigen zu können [70]. Als Kopien gelangten sie schließlich in das Bahr-Archiv des Theatermuseums in Wien; die Originale liegen in der Sammlung Allard Pierson der Universität Amsterdam.

Andreas Latzko und Hermann Bahr:
Briefwechsel 1919–1933

(1) **B Latzko an Bahr, Ms.** [Theatermuseum, Wien, AM 20168Ba.]
[am Rand:] 6. II. gedankt, B.[1]

26/I 19
Zürich, Kurhausstrasse 28[2]
Telephon Höttingen 5492

Sehr verehrter Herr,—
Sie hatten die Freundlichkeit meinem Buche „Menschen im Krieg"[3] 1917 schon einige Zeilen in Ihrem Tagebuch[4] zu widmen.

Nun ist das Buch frei geworden für Deutschland und Deutschösterreich, und ich erlebe etwas Sonderbares! Keine einzige Zeitung in Deutschland oder Österreich hat in diesen vier Monaten meinen bisher verbotenen Büchern

Menschen im Krieg, und Friedensgericht[5] (Juni 1918 erschienen u. bis November gleichfalls verboten) auch nur eine Zeile gewidmet.

1 H. Bahr hat sich offenbar notiert, dass er sich für diesen Brief bedankt hat; diese Mitteilung ist nicht erhalten.

2 A. Latzko ist nach einem Kuraufenthalt in Davos 1918 nach Zürich übersiedelt.

3 Latzko 1917. Die erste Auflage erschien anonym.

4 H. Bahr veröffentlichte seit Dezember 1916 regelmäßig publizistisch-essayistische Beiträge im „Neuen Wiener Journal", die später in verschiedenen Verlagen auch in Buchform nachgedruckt wurden. Am 11. 11. 1917 erschien in diesem Journal als „Tagebuch. Von Hermann Bahr" folgender Beitrag:
„München, 15. Oktober. Der Buchhändler erzählt mir, Barbusses ‚Le Feu', auch hier mit Gier gelesen, erscheine nun nächstens auch deutsch, und auf meine Frage, ob wir selber denn aus Eigenem noch nichts hätten, was sich, wenn auch nicht an Kunst und Kraft, so doch an Redlichkeit, strenger Wahrhaftigkeit und Unerbittlichkeit damit messen könne, bringt er mir einen rotgelben Band: ‚Menschen im Krieg', bei Rascher in Zürich erschienen, Verfasser ungenannt Es sind sechs Erzählungen und gleich die erste, ‚Der Anmarsch', wirkt so stark auf mich wie seit Unruhs ‚Vor der Entscheidung' und Franks prachtvollem ‚Vater' nichts, was mir sonst an deutscher Kriegsliteratur bekannt geworden. Vor Erregung bebend, eines verhaltenen, mit Gewalt immer wieder zurückgedrängten inneren Aufruhrs kaum Herr und umso wirksamer, je mehr es sich eines bloß ruhig Bericht erstattenden Tones befleißigt und nichts als melden, unbekümmert erzählen will, ohne zu tadeln oder auch nur zu klagen, stellt es erschütternd dar, was unkriegerische Menschen im Kriegsdienst durchmachen. Bei der Stellung wird man ja bloß untersucht, ob der Leib tauglich ist. Ob auch die Seele kriegstauglich ist, das bleibt ungeprüft."
Die unkriegerischen Menschen rechnet H. Bahr, der selbst aus Altersgründen vor dem Kriegseinsatz verschont blieb, aber zu den „Feiglingen"; diese seien Opfer der Wehrpflicht, die auf der Fiktion beruhe, „als ob alle Menschen zu Helden taugten". H. Bahr, der Verfasser des Buches „Kriegssegen" (1915), das A. Latzko nicht gekannt haben dürfte, meint dann über den Krieg: „Er ist herrlich für den geborenen Helden, der in Friedenszeiten nicht weiß, was er eigentlich mit sich anfangen soll, und er ist scheußlich für den Feigling, der dabei doch ein wertvolles Glied der menschlichen Gesellschaft sein kann."

5 Latzko 1918.

Wie soll ich mir diese freiwillige Beschränkung erklären, da in französischer Sprache Romain Rolland,[6] in Schweden Frau Ellen Key,[7] u. /. v./. lange Artikel über die Übersetzungen der beiden Bücher veröffentlichten?

In 17 respektive 11 Sprachen übersetzt, in allen Ländern besprochen, werden deutsche Bücher (nicht nur die Meinen! Genau so ergeht es L. Frank,[8] Fried[9] und allen anderen „Pacifisten") mit Stillschweigen übergangen, nachdem viereinhalb Jahre lang jedes Flugblättchen wenn es nur den Krieg verherrlichte sicher war Erwähnung zu finden.

Ist das, was Zwang war bis zur Revolution, nun Überzeugung geworden?

Ich lasse Ihnen mit gleicher Post mein Buch „Friedensgericht" zugehen und hoffe, dass es Sie interessieren wird.

Sehr empfehlen würde ich Ihnen aber, auch die Arbeiten der französischen „Pazifisten", der jungen Franzosen die um Romain Rolland geschart um den Genfer See „hausten" und dichteten, Ihrer Aufmerksamkeit zu würdigen. Besonders J. P. Jouve,[10] Marcel Martinet,[11] Debrit[12] u.s.w. Es ist da eine junge Kunst, die auch ohne ihre „Gesinnung" bestehen kann!

Mit ergebensten Grüssen bin ich Ihr Andreas Latzko

P. S.: Wir haben, in der Premiere Ihres „Meister"[13] in Berlin eine Nacht lang zusammengesessen u. debatiert[!]. Das wissen Sie gewiss nicht mehr!

---

6 Rolland, Romain (1866–1944), französischer Schriftsteller und Pazifist. Er erhielt den Nobelpreis für Literatur 1915 (1916 nachträglich verliehen). Eine Hälfte des Preisgeldes stellte er der Zentralstelle für Kriegsgefangene des Roten Kreuzes in Genf zur Verfügung.

7 Key, Ellen (1849–1926), schwedische Reformpädagogin und Schriftstellerin.

8 Frank, Leonhard (1882–1961), bedeutender sozialkritischer und pazifistischer deutscher Schriftsteller.

9 Fried, Hermann (1864–1921), österreichischer Pazifist und Schriftsteller. Gründer der Zeitschrift „Die Waffen nieder". 1911 Friedensnobelpreis, zusammen mit Tobias Asser, dem Organisator der Internationalen Konferenz für Privatrecht in Haag.

10 Jouve, Pierre Jean (1887–1946), französischer Dichter, Schriftsteller und Kritiker. Während des Ersten Weltkrieges Mitglied der pazifistischen Bewegung, die von Romain Rolland angeführt wurde.

11 Martinet, Marcel (1887–1944), französischer revolutionärer pazifistischer Schriftsteller. Von Beginn an ein Gegner des Ersten Weltkrieges.

12 Verm. Agnes Debrit-Vogel (1892–1974), Chronistin der schweizerischen Frauenbewegung.

13 Bahr, H. (1904): Der Meister. Komödie in drei Akten. Berlin: S. Fischer Verlag. Darin wird die Rationalität als bestimmende Kraft im Leben in Frage gestellt: „In Wirklichkeit sei der Mensch kein Meister, sondern nur ein Clown. Menschliches Glück liege allein im Gefühl be-

(2) **B Latzko an Bahr, Ms.** [Theatermuseum, Wien, AM 20163Ba.]

Berlin, Martin Luther Strasse 16[14]

Sehr geehrter Herr Bahr, —

nicht die kurze Bekanntschaft in Budapest,[15] noch das kürzere Zusammensein im Café Monopol[16] geben mir den Muth[!] Sie mit diesem Brief zu belästigen!

Es ist wirklich nur der Mut der Begeisterung!

Ich habe soeben Ihren Dialog über Marsijas[17] gelesen! Er ist so tief, bringt so leicht und vornehm, und doch wieder mit so bewunderungswürdiger Umsicht das, was man als der Weisheit letzten Schluss empfinden muss! – Weit über den „Einsamen Weg“[18] hinaus, den ich selbst überaus hoch schätze, auf den Sie sich aber mit einer, das Werk beschämenden Bescheidenheit berufen!

Drei- viermal, während des Lesens legte ich das Buch entzückt aus den Hand, gequält von der Sehnsucht Ihnen die Hand drücken zu dürfen!

Nun, da ich leider fertig bin, kann ich mir die Erfüllung dieses Wunsches nicht versagen und danke Ihnen aus vollem Herzen für den Genuss und die Anregung die Sie mir für viele Tage geschenkt haben!

In ehrlicher Bewunderung
Ihr ganz ergebener Andor Latzko

gründet, daß eine höhere Macht die Menschen in jene Richtung, die sie bestimmt, vorwärtstreibe und daß diese zu gehorchen hätten.“ (Daviau 1984, 210.)

14 A. Latzko sollte in Berlin aus seinen Werken lesen, was jedoch von den Behörden „in letzter Stunde“ verboten wurde Er wohnte nach Darstellung seiner Frau Stella zusammen mit Alexander Moissi in einem Hotel Unter den Linden, wo er die Bürgerkriegssituation („Spartakusaufstand“) unmittelbar miterleben konnte. (Lebensfahrt (2017), 177–178)

15 Am 28. 11. 1900 wurde im Ungarischen Nationaltheater in Budapest das Stück „Der Star“ von H. Bahr aufgeführt, „mit Frau Ilka Lanczy in der Titelrolle und fast dem ganzen Lustspielpersonal des Nationaltheaters in den übrigen Rollen“, wie der *Pester Lloyd* ankündigte. (*Pester Lloyd* v. 27. 11. 1900, S. 8.) Während des 2. Aktes machte A. Latzko ein Interview mit ihm; es war das erste Zusammentreffen der beiden. Vgl. Brief Latzkos an Bahr v. 22. 11. 1922.

16 Wiener Café in der Florianigasse 2, 8. Bezirk; existiert nicht mehr.

17 Bahr, H.: Dialog vom Marsyas. In: Die neue Rundschau 15 (1904), S. 1173–1205. Als Buch: 1906 als vierter Band von Cornelius Gurlitts Reihe „Die Kultur“ bei Bard Marquardt & Co. Berlin, mit einer gedruckten Widmung an Gerhart Hauptmann.

18 Schnitzler, Arthur (1903): Der einsame Weg. Schauspiel.

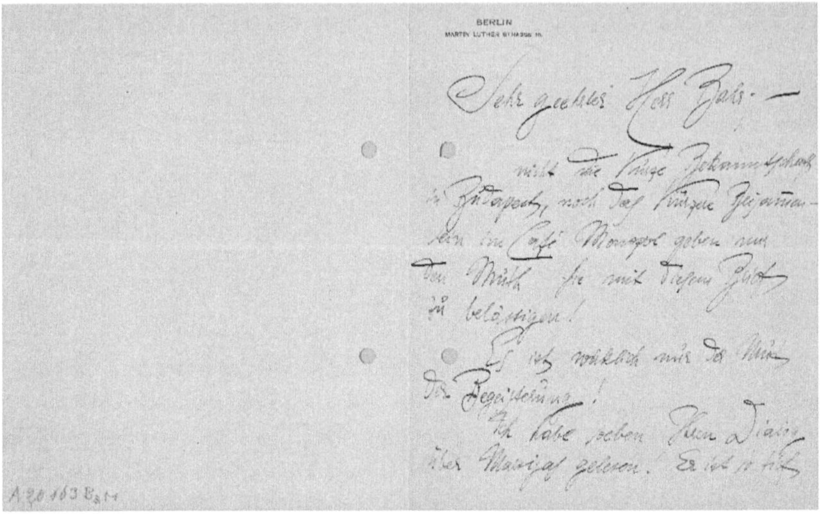

BERLIN
MARTIN LUTHER STRASSE 16.

Sehr geehrter Herr Balázs —

nicht die kurze Bekanntschaft in Budapest, noch das kurze Beisammensein im Café Monopol geben mir den Muth Sie mit diesem Brief zu belästigen!

Es ist wirklich nur der Muth der Begeisterung!

Ich habe soeben Ihren Dialog über Marias gelesen. Er ist so tief

A 20 163 B3 14

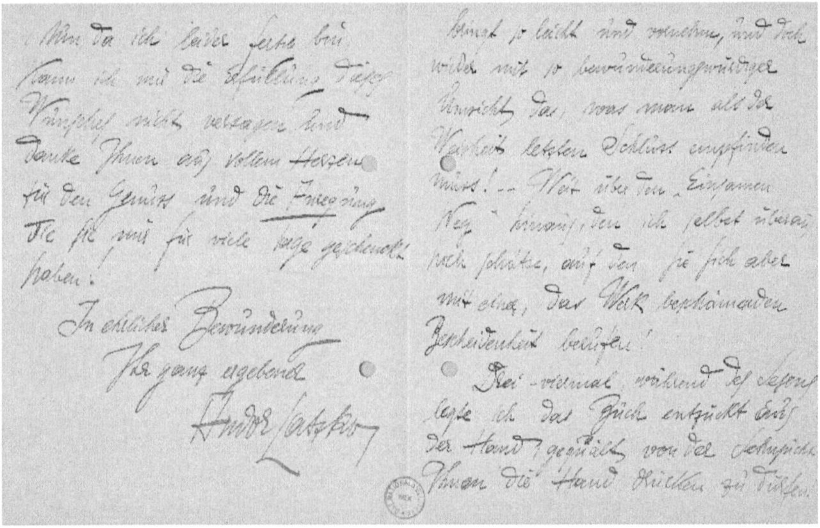

bringt so leicht und schön, und doch wieder mit so bewunderungswürdiger Unrecht das, was man als der Weisheit letzten Schluss empfinden muss! — Weit über den „Einsamen Weg" hinaus, den ich selbst überaus hoch schätze, auf den Sie sich aber mit einer, das Werk beschämenden Bescheidenheit berufen!

Drei-viermal während des Lesens legte ich das Buch entzückt aus der Hand, gequält von der Sehnsucht Ihnen die Hand drücken zu dürfen!

Nun da ich leider ferne bin, kann ich mir die Erfüllung dieses Wunsches nicht versagen und danke Ihnen aus vollem Herzen für den Genuss und die Anregung die Sie mir für viele Tage geschenkt haben!

In ehrlicher Bewunderung

Ihr ganz ergebener

Andor Latzko

(3) B Latzko an Bahr, Ms. [Theatermuseum, Wien, AM 20169Ba.]

27/IX 19

Zürich 7, ~~Kurhausstrasse 28~~ Höhensteig 4[19]
Telephon Hottingen 5492

Sehr geehrter Herr Doktor,—[20]

eben aus Berlin zurückgekehrt, erlaube ich mir, von Max Reinhardt,[21] Beer-Hoffmann,[22] Moissi[23] und anderen Berliner Freunden ermutigt, Sie mit einer großen Bitte zu belästigen.

Meine Existenz hier in der Schweiz, durch die lange Krankheit meiner verstorbenen Frau und meiner Arbeitsunfähigkeit während dieser Zeit unterhöhlt, ist mir vollkommen zusammengebrochen. Es gelang mir in Berlin mit dem Tageblatt und einem Verlag Abkommen zu treffen, die auf Reichsmark lautend hier nichts bedeuten, in Österreich aber eine ganz anständige Existenz ermöglichen würden.

Da ich auch mein hiesiges Häuschen ganz günstig verkauft habe, könnte ich die Übersiedelung am 1. Januar bewerkstelligen, wenn – ich die Bewilligung erhalten würde mich in oder dicht bei Salzburg niederzulassen.

Könnten Herr Doktor nicht ein Wort für mich einlegen? Ich schreibe zugleich an Steph.[!] Zweig,[24] und bitte ihn, mir mitzuteilen, an welche Behörde

19 Die wirtschaftliche Lage A. Latzkos verschlechtere sich 1919 nach dem Tod seiner ersten Frau Paula (April 1919) dramatisch. Der Verkauf seiner Bücher ist eingebrochen und das väterliche Erbe schmolz in der ansteigenden Inflation rasch dahin. Deshalb verkaufte er das Haus in der Kurhausstraße und zog in eine kleinere Wohnung am Höhensteig.

20 Ein von A. Latzko vermuteter akademischer Titel, den H. Bahr nie hatte.

21 A. Latzko kannte Max Reinhardt (1873–1943) seit seinen Anfängen als Dramatiker in Budapest. Die Gründe für ein späteres Zerwürfnis in Berlin sind unbekannt. Latzko versuchte auch, Kontakte zu Berliner Zeitungen zu pflegen oder herzustellen. Er hat ab 1901 bis vermutlich 1912 (Tod des Vaters) in Berlin gelebt.

22 Beer-Hofmann, Richard (1866–1945), österreichischer Schriftsteller.

23 Alexander Moissi (1879–1935), österreichischer Schauspieler albanischer Herkunft. Er konnte große internationale Erfolge feiern. 1914 freiwillige Kriegsteilnahme. Später war er bis 1931 der erste Darsteller des „Jedermann“ bei den Salzburger Festspielen. Mit A. Latzko verband ihn ein freundschaftliches Verhältnis. Sie trafen wiederholt in der Schweiz, in Salzburg und Berlin zusammen.

24 Stefan Zweig (1881–1942) war bereits im Mai 1919 von Zürich in sein Haus am Kapuzinerberg nach Salzburg gezogen. A. Latzko suchte es ihm aus finanziellen Gründen gleich zu tun und war auf der Suche nach einer Unterkunft in Salzburg oder in der näheren Umgebung. Sowohl H. Bahr als auch Stefan Zweig sollten ihm dabei behilflich sein.

ich mich wenden soll. Ich bin sicher, dass Ihr Wort, Herr Doktor, mir sehr zustatten käme, und bitte Sie, mir die Behelligung nicht zu verübeln.

Im Vorhinein bestens dankend bin ich mit den ergebensten Grüssen
in Verehrung Ihr
Andreas Latzko

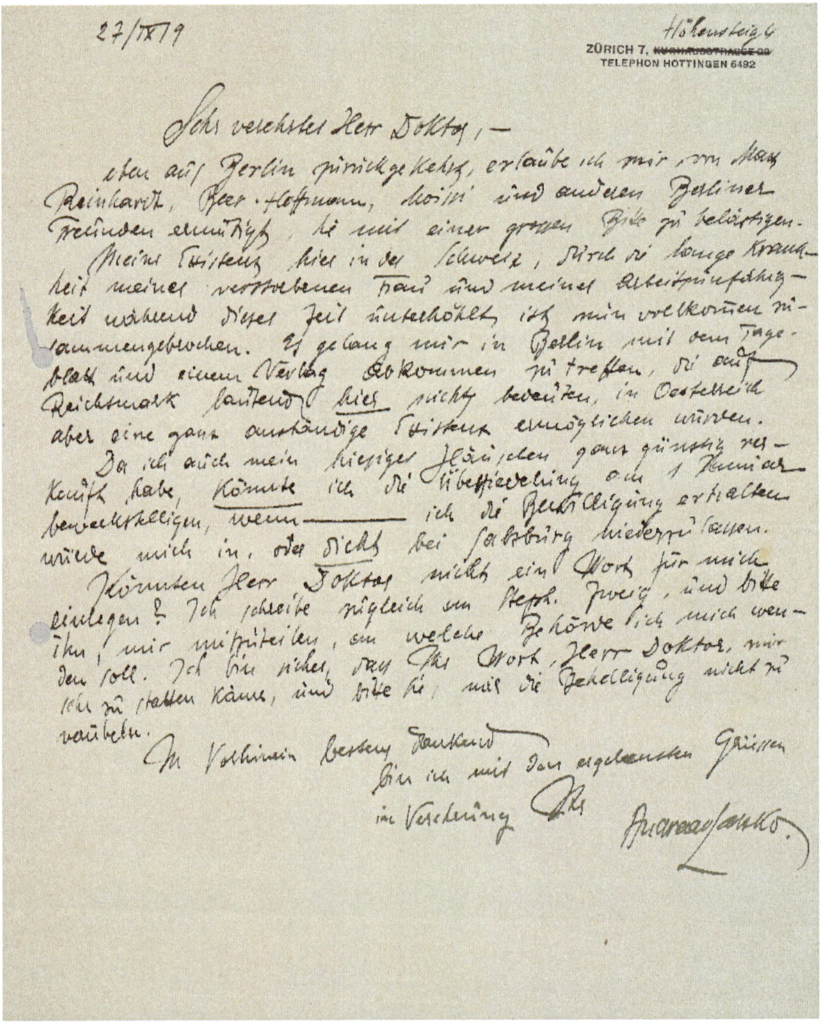

27/IX 19

Höhenweg 4
ZÜRICH 7,
TELEPHON HOTTINGEN 6492

Sehr verehrter Herr Doktor, —

eben aus Berlin zurückgekehrt, erlaube ich mir, von Max Reinhardt, Beer-Hofmann, Moissi und anderen Berliner Freunden ermutigt, Sie mit einer grossen Bitte zu belästigen.

Meine Existenz hier in der Schweiz, durch die lange Krankheit meiner verstorbenen Frau und meiner Arbeitsunfähigkeit während dieser Zeit untergraben, ist nun vollkommen zusammengebrochen. Es gelang mir in Berlin mit dem Tageblatt und einem Verlag Abkommen zu treffen, die auf Reichsmark lautend hier nichts bedeuten, in Oesterreich aber eine ganz anständige Existenz ermöglichen würden.

Da ich auch mein hiesiges Häuschen ganz günstig verkauft habe, könnte ich die Übersiedelung am 1 Januar bewerkstelligen, wenn — ich die Bewilligung erhalten würde mich in, oder dicht bei Salzburg niederzulassen.

Könnten Herr Doktor nicht ein Wort für mich einlegen? Ich schreibe zugleich an Steph. Zweig, und bitte ihn, mir mitzuteilen, an welche Behörde ich mich wenden soll. Ich bin sicher, dass Ihr Wort, Herr Doktor, mir sehr zu statten käme, und bitte Sie, mir die Behelligung nicht zu verübeln.

Im Vorhinein bestens dankend
bin ich mit den ergebensten Grüssen
in Verehrung Ihr
Andreas Latzko.

(4) B Latzko an Bahr, Ms [Theatermuseum, Wien, AM 20170Ba.]

Salzburg, Hôt. Bristol,[25] am 6/I 20

Sehr verehrter Herr Doktor, —

seit gestern bin ich mit meinem Sohne[26] als Valutaflüchtling hier gelandet, und stehe vor der unwahrscheinlichen Aufgabe, eine Unterkunft ausfindig zu machen, ehe meine Möbelwagen aus Zürich hier einrollen.

Wenn Sie mir erlauben wollten, auch Ihre reiche Erfahrung in Salzburger Angelegenheiten zu konsultieren, wäre ich Ihnen von Herzen dankbar. Die Niederlassungserlaubnis besitze ich schon, es gilt mir meinen geliebten aber sehr gebrechlichen alten Möbeln das doppelte Umladen in einen Möbelspeicher zu ersparen.

Mit ergebensten Grüssen in Verehrung Ihr

Andreas Latzko

25 Vornehmes Hotel im Zentrum von Salzburg. Während der jahrelangen Suche nach einem festen Quartier wohnte er später auch im Parkhotel Nelböck, dann hauptsächlich im Österreichischen Hof, zwischendurch im Schloss Lasseregg in Niederalm bei Anif. 1927 bezog die Familie bis zur Übersiedlung nach Amsterdam (1931) eine Wohnung in der Markus Sittikusstraße 1.

26 Paul Latzko, geb. 1903 in Berlin, gest. 1925 bei einem Motorradunfall in der Nähe von München.

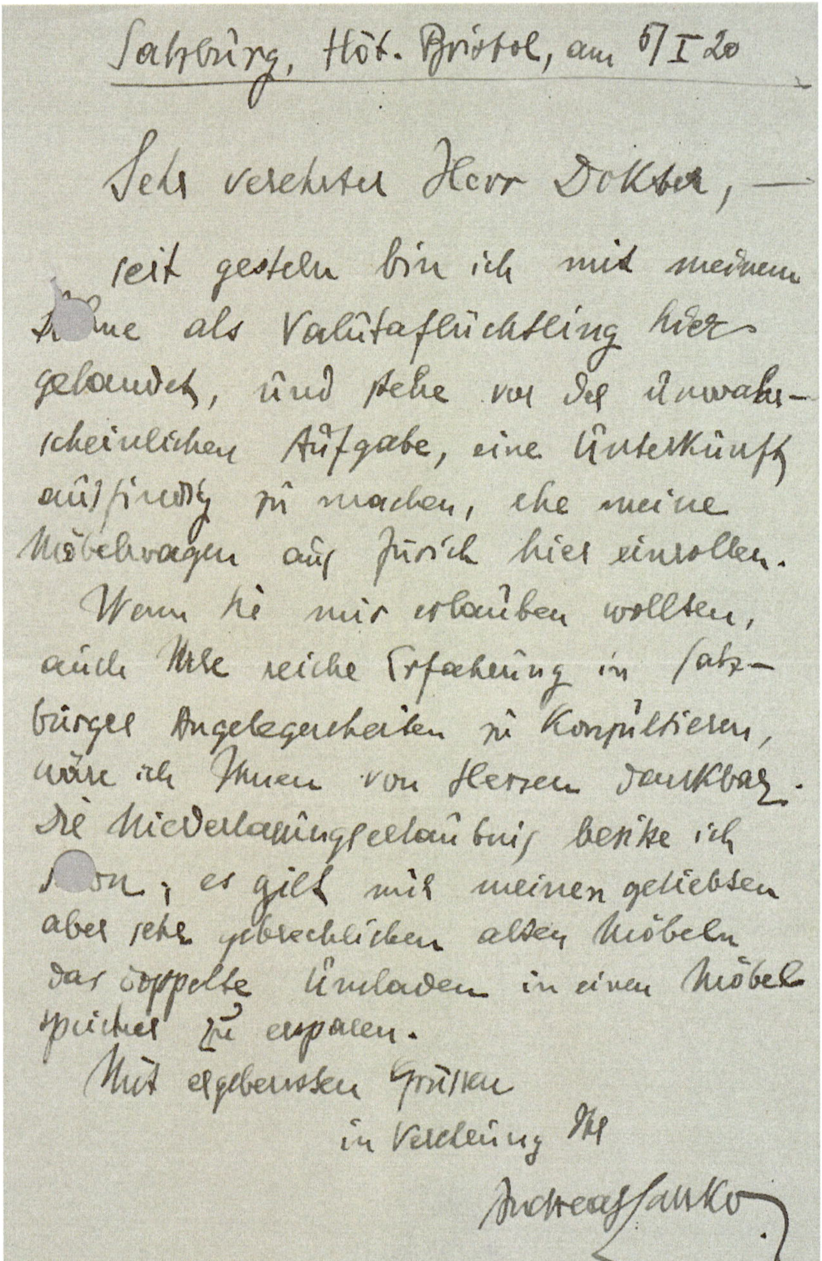

Salzburg, Hôt. Bristol, am 6/I 20

Sehr verehrter Herr Doktor, —

seit gestern bin ich mit meinem Sohne als Valutaflüchtling hier gelandet, und stehe vor der unwahrscheinlichen Aufgabe, eine Unterkunft ausfindig zu machen, ehe meine Möbelwagen aus Zürich hier einrollen.

Wenn Sie mir erlauben wollten, auch Ihre reiche Erfahrung in Salzburger Angelegenheiten zu konsultieren, wäre ich Ihnen von Herzen dankbar. Die Niederlassungserlaubnis besitze ich schon; es gilt mit meinen geliebten aber sehr gebrechlichen alten Möbeln das doppelte Umladen in einen Möbelspeicher zu ersparen.

Mit ergebensten Grüßen

in Verehrung Ihr

Andreas Latzko.

(5) B Latzko an Bahr, Ms. [Theatermuseum, Wien, AM 20164Ba.]
{o. O., o. D., 1920?}[27]

Sehr verehrter, lieber Herr Bahr,—

5 mal habe ich's selbst versucht Sie telefonisch zu erreichen, Ihr Apparat muss nicht funktioniert haben.

Hildmann[28] steht sowohl morgen, als auch am Samstag gerne zu Ihren Diensten.

Ich wurde eigens heute früh zu dem Biedermann Jg[?] berufen, und kenne mich in dem komplizierten Spinnennetz gar nicht mehr aus. Das Eine merke ich, dass die „Gegenpartei" noch grösseres Interesse an der Sache haben muss als ich. Wie herrlich würde das ein tüchtigerer Mensch ausnützen. Ich fürchte immer nur, man könnte bemerken, dass meine Dankesbezeugungen nicht aus freiem Herzen kommen. Dann würde es sich ja herausstellen, dass ich dümmer als alle Dummen mich sehend einseifen lasse! Und wie taktlos wäre es von mir, merken zu lassen, dass ich bemerke.

Das hässliche Wetter sägt mir wieder die Beine ab, und ich liege zu Bett. Verzeihen Sie mir also bitte Schrift und den Wisch.

Dankbar und herzlich
Ihr Latzko

(6) PK Bahr an Latzko, Ms. [Allard Pierson, U. v. A., Hs. Er 40:a (1).]
24. 12. 20

Lieber Freund!

Vor Abreisen nur rasch noch zunächst für das so woltuende[!] Paket vorerst bloß den herzlichsten Dank, ferner Ihnen beiden[29] wie dem Filius[30] alles Gute

---

27 Dieser undatierte Brief dürfte ein Dokument für A. Latzkos verzweifelte Wohnungssuche sein.

28 Verm. Richard Hildmann (1882–1952), ab 1918 christlich-sozialer Politiker in Salzburg, 1935–1938 und 1945–1946 Bürgermeister. H. Bahr wird als praktizierender Katholik zu dieser Partei eher einen Zugang gehabt haben als der zwar katholische, aber mit der Sozialdemokratie sympathisierende A. Latzko.

Schöne Frohe zum Christkindl und fürs neue Jahr; das mir Ihre Neigung bewahren, entfalten, befruchten möge!

Von Herzen,
Hermann B.

(7) **B Latzko an Bahr, Ts.** [Theatermuseum, Wien, AM 20165Ba.]
{Februar 1921}

Lieber, sehr verehrter Herr Bahr,—

wollen Sie wirklich gar nichts mehr von mir wissen? Ich habe durch Frau Professor,[31] durch Frl. Adler, durch Metzel[32] Ihnen Liebesbotschaften geschickt, der Portier des Hotels, mein Sohn und ich selbst, wir haben jeder[!] halbe Stunden lang unser Glück mit dem Telephon versucht, nie gelang es Anschluss zu bekomen[!]. Ihr Apparat muss verdorben, oder ausgehängt sein.

Nun hoffe ich, (eine sehr problematische aber ebenso hartnäckige Hoffnung) in wenigen Tagen nach Italien (näherer Ort noch unbestimmt) abfahren zu können. Ich lasse meine Haut dabei,[33] aber Haut wächst nach, und wenn nicht, – hat man schon gehabte Schmerzen gerne, um wievieles lieber gehabte Freuden.

Ich hätte aber doch sehr sehr gerne noch einmal mit Ihnen geplauscht,[34] und bitte Sie, wenn es nur irgend möglich, mir noch ein Stelldichein zu geben,

29 H. Bahr kannte demnach bereits A. Latzkos spätere zweite Frau Asterik/Stella Otaroff, verheiratete Homann, geb. 29. 9. 1889 in Tiflis (Eltern: David Otaroff und Elise, geb. Tarchanoff), gest. 14. 1. 1968 in Amsterdam.

30 Sohn Paul aus der ersten Ehe. Vgl. Anmerkung 26.

31 H. Bahrs zweite Ehefrau, die Sängerin Anna v. Mildenburg (1872–1947). Sie unterrichtete bereits an der „Akademie der Tonkunst" in München, daher die Anrede „Professor".

32 Verm. Richard Metzl (1870–1941; jüdische Eltern: Louise und Moriz Metzl, vormals Metzeles), Schauspieler, Regisseur. Eine Zeit lang (ab 1899) Mitglied des Ensembles von Paul Blasel am Stadttheater in Salzburg. Ohne Dauerwohnsitz, war er viel für Max Reinhardts Theaterbetrieb in Berlin, Wien und Salzburg unterwegs; seit der Gründung der Salzburger Festspiele auch als sein Sekretär, Regieassistent und Schauspieler tätig. Mit Stefan Zweig befreundet. Seine ältere Schwester Ottilie, Schauspielerin in Wien, heiratete 1902 den Schriftsteller Felix Salten; einer der Trauzeugen war Arthur Schnitzler.

33 A. Latzko befürchtete finanzielle Probleme.

34 Zwanglos miteinander reden.

am Montag oder Dienstag, peripathetisch[35] oder nicht, wie es Ihnen passt. Weit gehen kann ich allerdings zur Zeit nicht, ich bin furchtbar abgehetzt.

Von Wolfgang Heine[36] kam gerade heute ein mehr als mysteriöser Brief, über welchen ich Sie auch konsultieren möchte. Und dann noch so viel Lustiges, Ernstes, Skuriles[!], – eigentlich darf ich mich wirklich nicht beschweren, ich lebe nicht nur, ich e r – lebe auch, und was kann man sich heute mehr wünschen?

In der Hoffnung dass Sie mich nicht abfahren lassen, ohne mir noch einmal die Hand zu drücken, in Verehrung und treuer Anhänglichkeit Ihr

AndrLatzko

Notabene, habe ich von der kleinen Frau[37] den Auftrag: Ihnen so fest die Hand zu drücken, „dass es Ihnen weh tut". Ob ich es ausführen kann? Sie müssen sich dem Versuch stellen! …

(8) B Bahr an Latzko, Ms [Allard Pierson, U. v. A., Hs. Er 40:a(2).]

15. 2. 1921

Sehr verehrte liebe gnädige Frau![38]

Latzko hat mir so lieb und herzlich fest in Ihrem Namen die Hand gedrückt, daß es mich drängt, Ihnen direkt für die große Freude zu danken: Sie können sich gar nicht vorstellen, wie es mich beglückt zu wissen, daß Sie noch zuwei-

35 Peripatetisch = beim Spazierengehen.

36 Wolfgang Heine (1861–1944), deutscher Jurist, 1898–1918 für die SPD im Reichstag tätig, Ministerpräsident des Freistaates Anhalt und preußischer Landesminister. Rücktritt nach dem Kapp-Putsch. Verfasste zahlreiche juristische und politische Artikel. Zu Beginn der NS-Herrschaft floh er 1933 in die Schweiz und starb 1944 in Ascona. Mit H. Bahr war er seit der gemeinsamen Studienzeit in Berlin (1884–1887) befreundet; Bekanntschaft auch mit Arno Holz und Johannes Schlaf. Er sollte bei der Klärung offener juristischer Fragen hinsichtlich der beabsichtigten Eheschließung A. Latzkos mit Asterik/Stella Homann behilflich sein.

37 Von A. Latzko gerne verwendete Bezeichnung für seine spätere Frau Stella, die sich offenbar auf ihre Körpergröße bezog, da er ihre Leistungen in den alltäglichen Anforderungen des Alltags mehrmals besonders hervorhob. H. Bahr scheint eine gewisse Zuneigung zu ihr gehabt zu haben; sie war auf diese Bekanntschaft stolz und schrieb ihm mehrere Briefe – trotz der ihr bewussten mangelnden Sicherheit in der deutschen Sprache.

38 Asterik/Stella Homann, A. Latzkos spätere zweite Frau.

len, einen Atemzug lang, an mich denken. Mit ist so furchtbar leid, daß Sie weg[39] sind. Wenn es in einer Stadt kaum drei oder vier Menschen gibt, die zu kennen der Mühe wert ist, und einer davon geht nun weg, so kommt sie einem ganz leer vor. Und jetzt wird uns auch Latzko verlassen! Das macht mich sehr traurig. Ihm aber gönne ich von ganzem Herzen sein Glück.

Er war gestern bei mir und wir sprachen lange von Ihrer sich so sehr in die Länge ziehenden Angelegenheit.[40] Ich riet ihm, Wolfgang Heine[41] den Vorschlag zu machen, daß der, mein lieber herrlicher Jugendfreund, der aber halt jetzt, geradeso wie ich selbst, auch schon anfängt, ein alter Herr zu werden und nicht mehr so beweglich, flink und schlagfertig zu sein wie einst, sich doch einen jüngeren Collegen, der noch mehr Zeit hat, zu Hilfe nehmen soll, zB den Anwalt Moissis,[42] der ja so sehr geschickt sein soll. Latzko schien meinen Rat zu billigen und ich hoffe, daß, wenn er an Heine schreibt, doch endlich ein schnelleres Tempo in die Sache kommen wird

Daß Sie nicht ganz wohl sind, tut mir furchtbar leid, aber so bald Sie nur erst über den Brenner sind und der erste Hauch italienischen Frühlings spielt um Ihre Wangen, dann wird alles Böse wie weggeblasen sein! Eigentlich muß ich gestehen, so wenig das schön von mir ist, daß ich Sie ganz gemein beneide, nach Italien gehen zu können. Und doch freu ich mich auch wieder von Herzen darüber und wünsche mir nur, der liebe Gott möge mir gewähren, daß ich Sie Beide bald einmal dort unten, wenn die Citronen blühen, besuchen und fröhlich wiedersehen kann.[43]

In herzlicher Verehrung
Hermann Bahr

39 In Italien.

40 Die beabsichtigte Eheschließung A. Latzkos mit Asterik/Stella Homann. Frau Homann war aber noch nicht geschieden, außerdem war sie griechisch-orthodoxer Konfession. A. Latzko war jüdischer Herkunft, aber röm. katholisch getauft; wann ist unklar.

41 Vgl. Anmerkung 36.

42 Gustav Harpner (1864–1924), erfolgreicher österreichischer Rechtsanwalt; wichtiger Parteianwalt der Sozialdemokratie. Vertrat auch viele Schriftsteller, darunter Hermann Bahr, ebenso seine Frau Anna Bahr-Mildenburg.

43 Damit nährte H. Bahr bei Stella (und ebenso bei A. Latzko) die Hoffnung, dass sie zumindest einen Teil des Urlaubs in Italien gemeinsam verbringen könnten. A. Latzko hielt sich mit Stella vom Februar bis zum November 1921 in Italien auf.

(9) PK Latzko an Bahr, Ms. [Theatermuseum, Wien, 20953Ba.]
Ansichtskarte aus Mailand[44] v. 21. 2. 21 [Ps]

Herrn Hermann Bahr, Ahrenbergstrasse, Salzburg, Austria

Vorderseite: Ansicht der „Passagio Galleria Vittorio Emanuele II“ in Milano

Rückseite:

Lieber Herr Bahr

[vor]läufig Herzlichen Dank für Ihren lieben Brief, dem ich[,] sobald irgendwo richtig angekommen, schreibe Ihnen ausführlich. Wir hoffen noch heute Abend in Alassio[45] <zu> sein.

Alles Liebe von Herzen, Ihre Stella Homann

Wir finden Italien schöner noch als die Erinnerungen waren, verändert nur zum Vorteil. Ganzen Weg ab Brenner III. Klasse sauber, Ankunft auf die Minute. Preise – billiger als in München.[46]

In Eile Ihr getreuer Latzko

(10) PK Latzko an Bahr, Ms [Theatermuseum, Wien, 20946Ba.]
Ansichtskarte aus Alassio v. 26. 2. {1921}

Herrn Hermann Bahr, Ahrenbergpalais,[47] Salzburg, (Austria)

44 Bei einem Zwischenaufenthalt.

45 Alassio war zu dieser Zeit bereits ein beliebter Badeort an der italienischen Riviera (Ligurien). Die Anreise führte über Mailand und Genua.

46 Mit diesen Feststellungen widersprach A. Latzko dem damals sonst nördlich der Alpen gängigen Bild vom „Verräter“ Italien.

47 H. Bahr wohnte 1912–1922 zusammen mit seiner Frau Anna Bahr-Mildenburg in diesem im Biedermeierstil errichteten Schloss am Rand der Salzburger Altstadt am Fuß des Kapuzinerberges. Heute ist es ein internationales Konferenzzentrum der American Austrian Foundation.

Vorderseite: Ansicht von Alassio (Querformat): Panorama generale dal mare

Oben: Auch von mir herzlichste Grüsse. So froh werde ich Sie hier zu sehen. Ihre Stella Homan. Adresse: Alassio, Via Umberto I No 44

Rückseite:

In einem verfallenen uralten Haus<,> Esszimmer u. Küche im Parterre, 3 Schlafzimmer im I. Stock, alles ins Meer hineinhängend, kompl. möbliert, 80[0] Lire für 3 Monate. Bei <u>sehr</u> opulenter Lebensweise muss man noch etwa 20–25 Lire pro Tag u. Person rechnen, also alles in allem cca. 30–35 Lire, das ist aber dann recht üppig. Darf ich für Sie was buchen? Für den Sommer oder für das Frühjahr?

Herzlich u. in Verehrung
Ihr Latzko

Herrn
Hermann Bahr
Arenbergpalais
Salzburg
(Austria.)

(11) B Asterik/Stella Homann an H. Bahr, Ms.

[Theatermuseum, Wien, AM 20190Ba.]

[ohne Anrede, Ort und Datum]

Ich werde alles Ihnen kochen,[48] es macht mir sicher eine Freude und gar keine mühe, Sie sollen es glauben! Was ich nicht kochen kann, es ist Mehlspeisen und das kann mir Frau Professor lernen oder in Konditorei kennen[!] Sie auch haben. Bitte wenn es Ihnen möglich kommen Sie beide. So schade wenn Sie im Sommer in Salzburg bleiben und hier ist so wunderschön. Viele schöner als auf Lido (natürlich ohne Venedig). Hier haben Sie wunderschönste Spaziergänge was auf Lido fehlt.

Herr L.[49] badet 3mal pro Tag, wir wohnen ja direkt am Strand. Es wird sicher Ihnen so gut tun und uns auch in ihrer lieben Gesellschaft. Bitte seien Sie so energisch, packen Sie Ihre Koffer und kommen Sie, ich werde mich so freu-

48 Stella Homann, spätere zweite Frau A. Latzkos, versucht in diesem Brief, H. Bahr und seiner Frau in ihrem noch etwas mangelhaften Deutsch den Aufenthalt in Alassio so schmackhaft wie möglich zu machen.

49 Andreas Latzko.

en. Die grosse Gedanke auf Bahnhof zu gehen und Sie abholen macht uns schon ganz vergnügt.

In der Hoffnung auf baldiges Wiedersehen
Ihre Herzlich ergebene Stella Homann

Beste Empfehlungen an Frau Professor.

(12) B Bahr an Stella Homann, Ms. [Allard Pierson, U. v. A., Hs. Er 40:a(3).]
Salzburg 17. 3. 21

Sehr verehrte liebe gnädige Frau!

Nur weil ich ein paar Tage in München war, auf Besuch bei meiner Frau[50] und um doch wieder einmal den Atem der „Großstadt" zu spüren, kommt erst heute mein herzlicher Dank für die große Freude, die mir Ihr lieber Brief bereitet hat. Sie dort drüben jenseits unserer verschneiten Berge, dort unten am ewigen Meer in linder Sonne zu wissen, und gut untergebracht, froh, lebenslustig, und an Ihrer Seite meinen lieben Latzko tätig verjüngt durch den Blick ins Blaue, über die Wogen hin, das macht mich so glücklich, daß ich vor Freude ganz vergesse, Ihnen beiden neidisch zu sein! Nur ein bischen[!] Sehnsucht hab ich und weiß dabei gar nicht, wonach ich mich eigentlich mehr sehne: nach Ihnen Beiden, die mir sehr abgehen (denn der hiesige Mangel an Menschen, bei solchem Überfluß an Leuten, macht mich manchmal doch frieren), oder nach meinem geliebten Meer oder nach dem holden Klang der italienischen Sprache – nach dem ganzen Ensemble sehne ich mich! Sie Beide wissen wahrscheinlich gar nicht, wie gut Sies haben! Dieses Nichtwissen des Glücks ist ja auch ein Zeichen, ein Merkmal des Glücks! Aber einmal im Tag solltet ihr doch still die Hände falten und dem lieben Gott danken, daß er es euch so gut meint! (Und wenn Latzko nicht dem lieben Gott danken will,[51] soll er

50 H. Bahr lernte Anna Mildenburg in Wien kennen und hatte seit 1904 eine Beziehung mit ihr; sie heirateten 1909 in Salzburg, wo sie ab 1912 auch wohnten. Sie strebte einen Posten als Professorin an der Musikakademie in Wien an, nahm dann aber 1921 eine Stelle als „Lehrerin der Darstellungskunst" an der „Akademie der Tonkunst" in München an. 1922 folgte ihr H. Bahr dorthin.

51 A. Latzko kam aus einem assimilierten jüdischen Elternhaus und war katholisch getauft (Meldeschein der Stadt Salzburg vom 27. 9. 1920. – Salzburger Landesarchiv 385 (Laz), Kar-

anonym danken, aber danken danken danken soll er, denn danken allein lehrt uns erst recht leben!)

Wenns irgendwie geht, komm ich ganz sicher einmal zu Ihnen, und je länger je lieber. Vielleicht Anfang September denk ich; die Pension Piemontese reizt mich sehr. Und vielleicht, wenn Wolfgang Heine[52] seine Pflicht tut,[53] komm ich dann gerade als Hochzeitsgast, das wär schön!

Grüßen Sie Latzko herzlichst von mir, er fehlt mir sehr; wenn meine Frau nicht hier ist, bin ich ganz einsam! und seien Sie selbst in alter treuer Verehrung gegrüßt von Ihrem freundschaftlich ergebenen

Hermann Bahr

Auch meine Frau läßt Ihnen Beiden alles Schönste wünschen!

(13) B Latzko an Bahr, Ts. [Theatermuseum, Wien, AM 20171Ba.]

Alassio, Via Umberto 44. Charsamstag 1921.[54]

Lieber, sehr verehrter Herr Bahr, —

Sie müssen mir verzeihen, dass ich die Gelegenheit zum Ostergruss abgewartet habe, um Ihnen zu schreiben, aber Sie wissen ja: je besser es einem geht, desto weniger hat man Lust zum Briefeschreiben, und dann – ich habe wirklich sehr fleissig gearbeitet seit ich hier bin.

Auch sind die Tage so furchtbar kurz! Am morgen[!], gegen 7 muss ich zunächst Wasser kochen zum rasieren, dann Schuhe und Kleider putzen, dann Toilette machen, es wird 9 oder fast ½ 10 bis ich an den Schreibtisch komme. Um 12 steige ich ins Meer, nach Tisch arbeite ich wieder zwei Stunden, und nach der Jause gehen wir spazieren, in dieser gesegneten Landschaft, unter Glycinien, die sich mit dem Blau des Himmels raufen, an Mauern entlang, über welche die Rosen hängen, jede verfallene Ecke, jede Biegung der Strassen eine Überraschung und Augenweide.

---

ton 130). Er konnte und wollte aber mit Bahrs rigorosem Dogmatismus, dem sich dieser seit 1912 zugewandt hatte, sicher nicht mithalten.

52 Vgl. Anmerkung 36.

53 Das heißt, wenn er alle rechtlichen Hindernisse, die der Eheschließung von A. Latzko mit Stella Homann im Wege stehen, beseitigt.

54 Samstag, 26. 3. 1921.

Sie dürfen mir glauben, ich vergesse nie zu danken, fast wird es mir wie König Polykrates bange vor meinem Glücke, so schön habe ich's! Hätte ich nicht zeitlebens die Gewohnheit gehabt, immer wenn es mir so gut ging, mir es erschrocken zu sagen, dass es eigentlich nicht erlaubt wäre, es so gut zu haben, ich hätte es jetzt schwer, wie die anderen „Gestürzten".

Gestern hatten wir übrigens einen besonders glücklichen Tag, wenigstens ich, denn es kam ein Brief von Heine, des Inhalts, dass er habe feststellen lassen, dass Herr H.[55] sich in Stettin als „unverheiratet" bei der Polizei angemeldet habe, und dass er jetzt auf dieser Grundlage das Verfahren einleiten werde um die Feststellung, dass eine Ehe überhaupt nicht existiere. Ich halte beide Daumen, und bitte Sie, das gleiche zu tun!

Unserer lieben kleinen Frau geht es unberufen ganz ausgezeichnet, seit sie hier ist, trotzdem (oder vielleicht gerade) sie wirklich wie ein Lasttier eingespannt ist. Was es heisst eine Wohnung von vier Zimmern und dazu vier Mahlzeiten täglich ohne Mädchen[56] in Lauf zu halten, können Sie selbst beurteilen, und es ist eine Freude zu sehen, mit welcher Elastizität die verwöhnte kleine Frau[57] sich der geänderten Lage gewachsen zeigt.

Irgendwie wacht ja doch eine Art Schutzengel über mich, und zieht mich immer wieder aus jedem Sumpf heraus in welchen ich gerate, und setzt mich nicht nur an's Trockene, sondern immer wieder in ein Blumenbeet. Unberufe[n]

Wohl damit auch meine Bäume nicht in den Himmel wachsen, macht mein Sohn[58] in Salzburg mir viel Sorgen und Ärger, und – die Frage, wie ich den „Betrieb" hier weiterhin aufrecht erhalten werde, wird immer brennender. Das Leben wäre, wie die kleine Frau es schon geschrieben, gar nicht so horrend teuer hier, hingegen hat die Reise, trotz äusserster Sparsamkeit (3te Klasse etc.) ungeheures Geld, wenigstens in unserer Valuta gerechnet, verschlungen, und der Ersatz des ausgegebenen Geldes wickelt sich durchaus nicht glatt ab. Kompliziert wird die Sache noch dadurch, dass ich nach einer Novelle[59] die ich

55 Herr Homann, erster Ehemann von Stella.

56 Haushaltshilfe.

57 Stella stammte aus georgischem Adel und war derartige Anforderungen kaum gewohnt. Ihr georgischer Mädchenname war „Asterik"; „Stella" ist eine latinisierte Form davon. (Vgl. Lebensfahrt, S. 343).

58 Paul. Vgl. Anmerkung 26.

59 Unklar, ev. „Der Reiskönig", erschienen im „Salzburger Volksblatt" v. 24. 12. 1922, Weihnachtsbeilage, S. 3. Siehe Anhang.

zuerst hier schrieb, mich nicht länger zurückhalten konnte, über meinen neuen Roman[60] herzufallen, es macht mir ungeheure Freude zu arbeiten, die Manuscriptseiten mehren sich auch wie die Kaninchen, aber – ich bin absolut unfähig, wenn ich mal in einem beginnenden Buche drinn[!] stecke, nebenbei Zeitungsmist zu fabricieren, verdiene also überhaupt nichts, bis zur Fertigstellung des Buches, was noch gute Weile hat. Ich hoffe freilich immer auf den Verkauf meiner alten Möbel in Salzburg, aber meine Hoffnung muss sehr bald in Erfüllung gehen, sonst geht die Herrlichkeit hier zu Ende.

Zwar habe ich auch meinem schweiz. Verleger Rascher[61] meine bei ihm erschienenen drei Bücher für ewige Zeiten gegen eine einmalige sofortige Abfertigung angeboten, aber der Edelmann weiss dass ich Geld brauche, dass die Zeit also für ihn arbeitet, spielt also den Schmerling,[62] und tut sein möglichstes, um den Preis immer noch und noch tiefer zu drücken. Und dieses Gesellschaftsspiel kann noch länger dauern, als der Verkauf meiner Möbel, so dass ich zwischen zwei Erwartungen auf den österr. Boden zurückfallen werde, wenn mein Schutzengel, er müsste diesmal Silbermann[63] heissen, nicht wieder ein Wunder tut.

Aber – leichtsinnig wie ich nun mal bin, arbeite ich vorläufig wohlgemut an meinem Roman weiter, freue mich jeden morgen und jeden abend, dass ich hier bin, und denke: das Schicksal werde schon nicht die Gemeinheit haben, mich von hier durch Geldsorgen verjagen zu lassen.

Eigentlich hatte ich gehofft, dass Sie sich durch Ihre Angst vor dem Monat März uns werden nachjagen lassen! Da es aber nun schon nicht geworden ist, hoffe ich sehr, dass Sie wirklich im September kommen werden, und dass – wir Sie werden hier abwarten können. Den ganz, oder fast schon fertigen Roman im Rücken, hier mit Ihnen spazieren zu gehen (es gibt herrliche Wege und Berge), das wäre die Krönung der (u n b e r u f e n ! !) begonnenen Glücks-

60 A. Latzko begann an einem Roman zu schreiben, der erst zehn Jahre später mit dem Titel „Sieben Tage“ erscheinen sollte.

61 Im 1908 gegründeten Rascher Verlag Zürich, der auf pazifistische Literatur spezialisiert war, erschienen von A. Latzko die Bände *Menschen im Krieg* (1917), *Friedensgericht* (1918) und „Der wilde Mann“ (Neuauflage 1918 des 1913 im Rowohlt Verlag erstmals erschienenen Romans).

62 Ev. Anspielung auf den bedeutenden liberalen österreichischen Politiker Anton Ritter von Schmerling (1805–1893), der seine politischen Ziele durch Verzögerungstaktik zu erreichen versuchte.

63 Nicht ermittelt; ev. ein Wortspiel.

periode, und wenn Sie zugleich auch die Funktion[64] erfüllen könnten, von der Sie in Ihrem Briefe an die kleine Frau sprachen, in einer der schönen, alten, in Vornehmheit verfallenden Kirchen hier unten – ich bin nicht bescheiden<,> ich weiss, und behandle meinen Schutzengel wie einen Dienstmann oder ein Mädchen für alles, aber – da<s> Leben ist so kurz, ich möchte es gerne auspressen.

Alles, alles Schöne zum Osterfest, die besten Empfehlungen an Frau Professor

In herzlicher Ergebenheit und Treue Ihr
Latzko

Die kleine Frau lässt viel – vielmals für Ihren lieben Brief danken, und wünscht auch fröhliche Ostern. Sie freut sich heute schon auf Ihr Kommen.

(14) B Latzko an Bahr, Ms. [Theatermuseum, Wien, AM 20192Ba.]

Alassio, 4/Mai 21.
Via Umberto 44

Lieber sehr verehrter Herr Bahr,—

Ihr Brief,[65] so sehr er mich gefreut hat, war mir doch auch eine Enttäuschung, denn ich hatte im Stillen doch gehofft, Sie würden sich entschliessen, und Frau Professor[66] überreden, für mehrere Wochen hierher zu kommen.

Alassio hat einen herrlichen, sandigen Strand, der sich mit dem Lido messen kann, es gibt herrliche Spaziergänge, Wälder, Berge hier, – und wenn ich auch als ehrlicher Mensch gestehen muss, dass die Abende auf der Piazza, vor Quadri- oder Forliani[67] – oh sogar sehr!! – ihren Reiz haben, ich war doch so egoistisch zu hoffen, dass es mir gelingen würde, Sie hierher zu lotsen, schon weil ich Sie hier mit Frau Professor in erstklassigem Hause für maximal 100 Lire täglich zu zweit hätte unterbringen können. (Wer bescheidener sein will

64 Wohl als Hochzeitsgast, ev. sogar als Trauzeuge, wie es sich A. Latzko und vor allem Stella wünschten.

65 Nicht erhalten.

66 H. Bahrs Ehefrau Anna Bahr-Mildenburg.

67 Bekannte Cafés auf dem Markusplatz in Venedig.

kann sehr gut für 35 bis 40 L pro Tag und Kopf während der Hochsaison unterkommen.)

Wenn Sie wirklich erst im September können, dann hoffe ich sicher, Sie zu Ihrer vollsten Zufriedenheit für ca. 25 bis 27 Lire gut unterzubringen, und hoffe, dass Sie dann auch lange bleiben werden.

Ich hebe mir schon alle schönen Spaziergänge für diese Zeit auf, und es vergeht kein Tag, dass ich nicht auf irgend ein hochgelegenes altes Kloster oder Dorf deuten würde, mit der Bemerkung: „Dorthin gehe ich mit Hermann Bahr sofort!“

Freilich, ich zittere immer noch um die Möglichkeit Sie hier abwarten zu können, denn ich bin frech, schreibe kein Wort für irgendwelche Zeitung oder Zeitschrift, sondern geniesse nach $2^{1}/_{2}$jähriger Pause die ungeheure Lust, mich ganz an ein Buch zu verlieren, das hoffentlich gerade fertig sein wird, wenn <Sie> wirklich erst im September kommen.

Es wird ein sehr umfangreicher Roman,[68] mit sehr viel spannender Handlung, und zugleich das Reservoir, in das ich alle Erfahrungen und Schmerzen dieser Jahre und dieser Zeit hineingiessen will. Ein Puppenspiel vor nachdenklichem Hintergrund. Ob's gelingt?

Der kleinen Frau geht es unberufen ausgezeichnet, sie wäscht(!), näht, kocht, dampft vor Eifer, ist sehr nett, ungeheuer fleissig … Gott erhalte …

Im Stillen hoffe ich also doch, dass wir uns doch früher schon sehen und grüsse Sie in inniger Anhänglichkeit

Ihr Latzko

(15) PK Stella Homann an Bahr, Ms. [Theatermuseum, Wien, AM 20947Ba.] Ansichtskarte aus Alassio v. 11. 5. 1921 [Ps]

Herrn Hermann Bahr, Ahrenberg Palais, Ahrenbergstrasse, Salzburg, Austria

Vorderseite: Ansicht von Alassio: Panorama da Santa Croce

68 Vgl. Anmerkung 60.

Rückseite:

Alassio, Via Umberto I 44

Lieber Herr Bahr!

Vielen Dank für Ihren Herzlichen Brief.[69] Freue mich sehr, Sie hier zu sehen. Hier haben wir enteliche[70] wundervolle Spaziergänge für Sie. Alle Strassen wie eine grosse Garten mit viele farbigen schönen Blumen. Wir machen Täglich schöne Spaziergänge und sprechen viele von Ihnen mit so viel Liebe. Leider Herr L. hat oft Fieber bis 40,[71] was uns sehr viele sorgen macht.

In grösster Herzlichkeit grüsst Sie Ihre Stella Ho[72]

(16) B Latzko an Bahr, Ts. [Theatermuseum, Wien, AM 20166Ba.]
Alassio, Via Umberto 44, 1/VI {1921}

Lieber, sehr verehrter Herr Bahr, —

Nun haben wir schon Juni, und ich denke, Sie geniessen schon die Vorfreuden (das Schönste!) Ihrer Venedigreise.[73] Da aber heute diese Freuden mit sehr viel Berechnungen verbunden sind, will ich Ihnen nochmals meine Erfahrungen resumieren.[74] Teuer kommt das Reisen (großes Gepäck!!) und vor allem das Übernachten, das bei bescheidensten Ansprüchen nicht unter 100 Lire für zwei Personen auszuführen ist. Einmal installiert, sind die kleinen Ausgaben, gerade die, die man früher ohne sie zu beachten aus der Westentasche erledigte, am kostspieligsten. Beispiele: eine Schachtel Streichhölzer 45 Cents, cca. 13

69 Ob sich Stella damit auf den Brief H. Bahrs vom 17. März bezieht, ist unklar. Möglicherweise gab es einen zeitlich näher liegenden, der nicht erhalten ist.

70 enteliche = etliche.

71 A. Latzko hatte oft heftige Fieberschübe als Folge seiner Malariaerkrankung, die er sich auf einer Reise nach Südostasien vor dem Ersten Weltkrieg zugezogen hatte.

72 Stella Ho = Stella Homann. Aus Platzgründen kürzte sie den Familiennamen aus der 1. Ehe ab.

73 H. Bahr hielt sich im Sommer öfter am Lido von Venedig auf. Darauf bezieht sich angeblich auch sein Text „Die Reise nach Eipeldauen“ für eine Revue im Wiener Ronacher, deren Aufführung dann verboten wurde.

74 A. Latzko wusste offenbar, dass auch H. Bahr immer wieder knapp bei Kasse war.

Kronen, eine Zeitung 20 Cs. 7 Kronen, zwei Tassen schwarzen Kafes[!] kommen auf weit über 100 Kronen u.s.w. auch das Almosen, die Trinkgelder miteingerechnet, denn da das Leben in Italien auch cca. $3^1/_2$ mal so teuer als im Frieden, muss man dem Fachino, dem Kellner, dem Bettler zumindest dreimal so viel geben, als man im Frieden gab, und multiplizieren Sie das mit 32!

Ich erzähle Ihnen das, weil ich an mir selbst erfahren habe, dass man sich in allem leichter einschränkt, als gerade in diesen Dingen, die gleichsam aus der Haut des Nächsten herausgeshylokt[!][75] werden müssen, wobei man nicht jedesmal einen Vortrag über den Wechselkurs halten kann, und für den Fachino[76] etc. ja doch der Reiche ist, der Vergnügungsreisen unternimmt.

Von den täglich-regelmässigen Ausgaben, ist „teuer" nur das Fleisch, alles andere trotz der Umrechnung höchstens das Doppelte dessen was man in Salzburg bezahlt.

Egoistisch wie ich bin, kann ich mich doch nicht enthalten, Ihnen nocheinmal zu erzählen, dass wenn die Frau Professor für 3 Monate abkommen könnte, ich Ihnen hier ein möbliertes Appartement[!] (Esszimmer, 3 Schlafzimmer – deren eines ja als Arbeitszimmer eingerichtet werden könnte, Mädchenzimmer, Küche, vollkommen eingerichtet, für höchstes 2000 Lire, aber auch darunter, besonders wenn Sie mit 3 Zimmern Mädchenzimmer Küche zufrieden wären) für drei Monate mieten könnte. Und wenn Sie ihre Jenny[77] mitbrächten, dann würden Sie, der Sie kein Fleisch essen hier im Eldorado der Minestra,[78] Pasta, frischen Kartoffel, und Gemüse, zu dritt nie mehr als höchstens 30–35 Lire täglich für Verpflegung benötigen, denn wir, die wir täglich Fleisch essen, weil wir nicht anders können, und für das Fleisch allein cca. 20 Lire täglich zahlen, brauchen nicht mehr als 50 Lire täglich alles, auch Rauchen (!) eingerechnet, allerdings plagt sich die kleine Frau ungeheuer, wäscht und bügelt alles selbst, so dass ihr die Füsse und der Rücken Abends so weh tun, dass sie sich kaum rühren kann. Aber Sie würden – gegenüber den Lidopreisen, – auch incl. der Reise Ihrer Jenny ganz gewiss ein Heiden[79] Geld ersparen, und könnten drei Monate mindestens hier unten sitzen.

75 Shylocking ist ein Synonym für Wucherei. Shylock ist ein gnadenloser jüdischer Geldverleiher in William Shakespeares Theaterstück *Der Kaufmann von Venedig.*

76 Gepäckträger, Hoteldiener (ital.).

77 Eugenie von Roth (1877–1971), Haushälterin und Gesellschafterin bei H. Bahr.

78 Suppe (ital.).

79 Gemeint: viel Geld (betont).

Nun will ich aber meine „Agentur“ schliessen, und verspreche Ihnen nicht noch einmal den Ausrufer[80] zu machen. Aber für den Herbst erwarte ich Sie unbedingt!

Wobei es frech von mir ist, diesen letzten Satz niederzuschreiben, da ich noch keine Ahnung habe, wie ich mich hier werde erhalten können.[81] Ihren Rat habe ich befolgt, Metzel[82] telegraphiert, mit bezahlter Drahtantwort,[83] aber ich warte noch immer (seit drei Wochen) vergebens auf Antwort. Und wenn die Möbel nicht verkauft werden, dann – ? Ich sinne Tag und Nacht über irgendeine noch so romantische Lösung, und kann es nicht glauben, dass sich zu guter letzt nicht eine finden würde. Und wenn Stephan Erwerbszweig[84] aus Liebe zur Literatur, um die Entstehung meines Buches sicher zu stellen, sich zum Medicäer[85] wandeln und mir für zehn Monate die enste [= erste] Rente aussetzen müsste! Es ist natürlich der alte perspektivische Fehler, den ich in Monte Carlo[86] am herrlichsten beobachten konnte, wo die Menschen alle <es> für die Pflicht der Kugel hielten, auf Nummer drei zu fallen, nur weil sie ihr Geld auf drei gesetzt hatten, und direkt entrüstet waren, weil es nicht geschah. Auch ich halte das Werden dieses meinen[!] neuen Buches, das mein entscheidendes Lebenswerk werden soll (gefiele Ihnen der Titel: „Der Pfad zur Güte“?[87]) für so wichtig, dass ich mir nicht denken kann, dass ich aus elendem Geldmangel die Arbeit einstellen müsste.

Ohnehin hatte ich einen sehr unerwünschten Zeitverlust in Folge eines Malariarückfalles, mit Fieberattaken[!] bis zu 41 Grad, Schüttelfrösten und Schweissbädern, und war 14 Tage lang so geschwächt, dass ich mich kaum rühren konnte. Aber eine Chininkur hat coupiert,[88] und wird mich hoffe ich

80 Früher von einer Gemeinde angestellt, um amtliche Bekanntmachungen mündlich zu verbreiten.

81 Wie er den Aufenthalt finanzieren soll.

82 Vgl. Anmerkung 32.

83 Telegraphische Rückantwort.

84 Gemeint: Stefan Zweig. Anspielung auf die schriftstellerische Produktivität und die finanziellen Erträge der Bucherfolge von Stefan Zweig, zu dem sich A. Latzko zu dieser Zeit noch als möglicher Konkurrent empfinden konnte. Diese spöttische Bezeichnung scheint in Salzburg im Umlauf gewesen zu sein, nicht ganz frei von antisemitischem Hintersinn.

85 Förderer.

86 Im dortigen Casino.

87 Dieses Buch ist 1931 mit dem Titel „Sieben Tage“ erschienen. A. Latzko wollte darin Wege zur Versöhnung zwischen den Interessen des Kapitals und denen der Arbeiterschaft darstellen.

88 Hier: eine Krankheit unterdrücken.

von weiteren Rückfällen bewahren. In dieser gottgesegneten Gegend habe ich mich in wenigen Tagen ganz wieder erholt. Wie ist es doch herrlich hier zu sein! …

Zum Abstimmungsresultat[89] Ihnen und mir selbst herrlichstes Beileid. Was soll man beginnen in dieser stupidesten aller Welten? Ich lese jetzt bei Nacht, da ich, wenn ich selbst arbeite, Belletristik nie in die Hand nehme, Hyp. Taines[90] „Napoleon" und Geschichte der Fr. Revolution. Wie alles sich wiederholt!

Ich brauche Ihnen wohl nicht zu sagen, dass nach drei Monaten der Wunsch peripathetisch[!][91] mit Ihnen Gegenwart und Zukunft zu umtasten, geradezu gebieterisch geworden ist.

Ich hoffe jetzt nur, dass ich Sie hier werde ausfasten[92] können. Von einem Freunde, „Intellektuellen" de premier ordre,[93] Lektor eines der grössten deutschen Verleger, erhielt ich allerdings auf meine Anfrage, ob nicht sein Verlag mir vielleicht ein halbes Jahr lang monatliche Vorschüsse hierher schicken könnte, um mir das Arbeiten zu ermöglichen, die Antwort: „ich müsse doch begreifen, dass mein Name in dem armen geknechteten Deutschland weder beim Publikum noch im Buchhandel geschätzt sein könne, da L. Frank[94] und ich es in erster Reihe waren, die das gutgläubige deutsche Volk zur Selbstentmannung überredet haben!"

Diese Leute (oder Meute) haben vergessen, was ihre Anführer dem besiegten Rumänien zugemutet hatten (alles Petroleum, das aus dem rumänischen Boden quillt für 99 Jahre deutsches Eigentum etc) wie von dem Verhandlungstische von Brest weg, von dem „selbstentmannten" Russland, Wochen lang hunderte und Tausende von Kanonen „erbeutet" wurden, und sie vergessen, richtiger wollen vergessen, dass es die amerikanischen Armeen, deren kleinere Hälfte erst in Europa war, den Krieg zu ihren Ungunsten entschieden haben,

89 Bei einer Volksabstimmung in Salzburg am 29. 5. 1921 über den Anschluss an das Deutsche Reich stimmte eine überwältigende Mehrheit dafür. Aus außenpolitischen Rücksichten (Friedensvertrag von Saint-Germain 1919!) wurde die Abstimmung als „inoffiziell" erklärt.

90 Hippolyte Taine (1828–1893), französischer Philosoph und Historiker. Stefan Zweig hat 1904 über ihn an der Universität Wien eine Dissertation geschrieben („Die Philosophie des Hippolyte Taine"). A. Latzkos großes Interesse am Thema „Französische Revolution" zeigte sich später in der 1935 wieder bei Rascher in Zürich erschienenen Romanbiographie „Lafayette".

91 Beim Spazierengehen.

92 Letzte Phase einer Fastenkur.

93 Namhaft, erster Ordnung.

94 Vgl. Anmerkungen 6–12. Die pazifistischen Schriftsteller waren nach dem Ersten Weltkrieg in den Augen weiter Kreise mitschuldig an der Niederlage der Mittelmächte.

nachdem 8 Monate vorher es Axiom gewesen war, dass man Armeen nicht aus der Erde stampfen, und wenn – nicht über den Ozean bringen könne, Dank „Unserer U-Boote" etc etc.

Solange der Liebe Gott nicht wieder Mannah[!] regnen lässt (Kartoffel, Mehl und fremde Valuten) bleibt diese Welt ein Tummelplatz oder richtiger die Weide aller bösartigen Schmarotzer. Wenn man nur das Talent hätte die Dinge nicht so zu sehen, wie sie sind!

Aber, brieflich lässt <sich> das Herz doch nicht ausschütten.

Wenn Sie den guten Metzel sehen, sagen Sie ihm doch, dass es verdammt schwer ist mit 45 Jahren in fremdem Lande a la Murger[95] zu leben. Ich werde dieser Tage noch einige romantische Versuche unternehmen, mir eine sechs Monate laufende Rente zu verschaffen, misslingt's, dann??

Auf baldiges Wiedersehen hoffentlich
von ganzem Herzen grüsst Sie
Ihr treu ergebener Latzko

Von der kleinen Frau tausend liebe Dinge! Sie wünscht sich nichts heisser, als Ihnen eine gute Portion Maccaroni zu kochen und zu servieren.

Die besten Empfehlungen an Frau Professor.

(17) B Latzko an Bahr, Ts. [Theatermuseum, Wien, AM 20172Ba.]

{Juni oder Juli 1921}
Alassio, Via Umberto 30.

Lieber, sehr verehrter Herr Bahr,—

Ihr Brief beunruhigt mich, weil er fast so klingt, als wollten Sie Ihren Plan auf den Lido[96] zu gehen neuerlich aus materiellen Bedenken aufgeben.

Nun ist der Lido bestimmt sehr teuer, und ich weiss nichts über die näheren Verhältnisse dort. Versichern kann ich Sie aber mit gutem Gewissen, dass es hier, bis auf die allerdings herrlichen Ausflüge nach Venedig hinein, ganz

95 Henri Murger (1822–1861), französischer Schriftsteller. Er gehörte zur Gruppe der Bohèmiens im Pariser Quartier Latin. Sein Buch „Scènes de la vie de bohème" (dt. „Zigeunerleben") war die Vorlage für die Oper „La Bohème" von Giacomo Puccini.

96 Badestrand in Venedig.

herrlich ist. Ein Strand, dreimal so gross wie der des Lido, prachtvoller Sand, ab 3 Uhr nachmittags Schatten, also nie zu heiss, herrliche Spaziergänge in der Umgebung, alte Klöster auf hohen Bergen etc. etc.

Wir wohnen jetzt Via Umberto 30 (statt 44) in einem wirklich wunderschönen Palazzo, und haben viel zu viel Zimmer, so dass wir zwei ganz abgeschlossen halten. In dem einen sind allerdings unsere Koffer, aber das andere, ein doppelschläfriges[!] Bett (Matrimoniale) enthaltend, neben welches wir ein einfaches Bett aus dem anderen Zimmer gestellt haben, um mehr Raum zu haben in unseren Wohnräumen, steht unbenützt, und es würde uns nicht die geringsten Kosten verursachen, wenn Sie es bewohnen wollten. Damit ist bei Ihrer Bescheidenheit in Ernährungsfragen die Hauptgefahr beseitigt. Und über alles Weitere liesse sich ein Übereinkommen treffen, denn die Küche ist sehr gross, wir sind von Restaurants aller Güte und aller Preislagen umgeben, Ihr Frühstück könnten Sie „gegen Entgelt“ bei uns nehmen, Ihr Abendbrot ebenfalls, und das Mittagessen (da ich nicht glaube, dass Frau Professor kochen kann) würde<,> wenn Sie sehr nobel essen wollten, für Sie beide höchstens 25 Lire kosten. Mit 50 Lire täglich könnten Sie incl. Zigarren, Wäsche etc etc. herrschaftlich zu zweit auskommen, ohne uns auch nur mit einem Cent. zu belasten, im Gegenteil!

Wollen Sie sich's nicht überlegen? Ich, und nicht nur ich, sondern auch die Hausfrau, wir würden uns beide sehr freuen!

Dass der gute Metzel,[97] das Seine tut, bin ich sicher. Meine Hoffnung ist, dass die Festspiele ein Meer von fetten Aasgeiern nach Salzburg führen werden, und da Metzel mit allen Leuten in Berührung kommt, hoffe ich, dass es ihm während der Saisong[!] wirklich gelingen wird, meine Sachen, die ich auch schon darum gerne los wäre, um sie nicht länger beweinen zu müssen<,> anzubringen. Ich m u s s es hoffen!

Vorläufig habe ich mir wieder ein wenig, klein wenig Luft gemacht, mit einer niederträchtig kitchigen[!] Novelle, die aber Amerika mit Begeisterung und gegen ein Honorar von 50 Dollar nahm, und die so incl. Holland, Schweden und Norwegen und zwei kleinen schweiz. Blättern, einen ganzen Monat bestreiten wird.

Ob ich je noch dazu komme, ein anständiges Buch zu schreiben, ist freilich problematisch, aber eigentlich auch gleichgültig. Denn für wen? Wir leben in einer verkehrten Welt. Als wir jung waren, waren unsere Väter die Materialis-

97 Vgl. Anmerkung 32.

ten, Philister, und wir planten über ihren Köpfen auf den Schwingen unserer Ideale.

Heute ist die alte Generation der Spott der jungen, smarten, der ein Film in der Hand lieber ist als eine Unsterblichkeit auf dem Dache.[98]

Aber – ich mache Schluss, denn die kleine Frau – die sehr gross sein kann! – ist entrüstet über meine falsche Angabe von 50 Lire täglich. Ich übergebe ihr das Wort, zu genauerer Information.

In herzlicher Verehrung und Liebe ihr getreuer
Latzko

Lieber sehr geehrter Herr Bahr!

Wie Herr Latzko schreibt 50 Lire, ich denke es ist viele gesagt. Das einzige was hier in Italien teuer ist, ist Fleisch und das essen Sie nicht, alles anderes bestimmt nicht schlimm. Sie essen Macaroni,[99] Reis, Gemüse, Eier, Butter, alles das ist nicht teuer. Kilo Macaroni kostet 5 Lire 50 jetzt und es bevorsteht Preissturz, Reis noch weniger. Unsere Zimmer steht ganz leer, und für Geld dürfen wir es kontraktlich nicht vermieten.

(18) B Latzko an Bahr, Ts. [Theatermuseum, Wien, AM 20167Ba.]

Alassio, Viale Hanbury 7
29/X {1921}

Lieber, sehr verehrter Herr Bahr, —

nun werden wir also doch nicht zusammen über diese herrlichen Olivenhügel, zu diesen alten Klöstern und Ruinen, immer das Meer unter uns, zusammen gehen, – auch ich muss kapitulieren vor einem Lirekurs von 156 kann glaube ich wirklich kein irgendwie anständiger Mensch mehr bestehen.

98 Abwandlung des Sprichwortes „Besser der Spatz in der Hand als die Taube auf dem Dach". A. Latzko kritisiert damit die junge Generation, die mit dem kleinen Gewinn (Film) zufrieden ist, statt etwas Großes (in der Literatur) anzustreben.

99 = Makkaroni.

Ich sage absichtlich „irgendwie anständiger", denn zu den irréprochable[100] anständigen kann ich mich ja nicht mehr zählen, seit ich für amerikanische Magazines[!] blutrünstige Short Storys geschrieben habe,[101] nur um hier bleiben zu können, wo die Erde ganz bestimmt am schönsten ist. Ich war in Indien, Java,[102] – aber wenn ich – wie heute, 29 Oktober – an den blühenden Rosen in „meinem" Garten vorbei, hinuntergehe zum Meer, nur in Pyjama und Badehose, und nach einem herrlichen Bad auf dem Strand in der Sonne trockne – schöner kann man es bestimmt nirgends haben.

Aber – so weh es tut, wir müssen zurück! Die Möbel sind aufgegessen,[103] meine sämmtlichen[!] bisher geschriebenen Bücher habe ich für ewige Zeiten und alle noch irgend folgenden Auflagen Rascher verschrieben, ich habe wirklich keinen Grashalm mehr, an den ich mich klammern könnte, und so muss ich mich sputen, nach Österreich zu kommen, solange die zwei letzten Monatsraten zu 500 schweizer Franken von Rascher noch schützend über meiner nächsten Zukunft stehen.

Ich habe unsere Cousine, die Katja Berner,[104] die Sie ja nun kennen, gebeten, coûte que coûte[105] uns irgendwie im Salzburgischen, wo mir Preussler[106] den Aufenthalt hoffe ich weiter geben wird, eine möblierte Wohnung für ein Jahr zu nehmen, und wenn auch 500 Franken (heute noch 300 000 Kronen[107]) ganz draufgehen. Dann habe ich doch ein Dach, und die kleine Frau[108] kann

100 Mustergültig (frz.).

101 Wichtig für den Lebensunterhalt der Familie.

102 A. Latzko machte nach dem Tod des Vaters (1912) vor dem Ersten Weltkrieg Reisen nach Südostasien.

103 Zur Sicherung des Lebensunterhaltes verkauft.

104 Eine Kusine von Stella.

105 Um jeden Preis (frz.).

106 Robert Preussler (1866–1942), österreichischer Politiker der Sozialdemokratischen Arbeiterpartei in Salzburg und Redakteur, später Herausgeber (1904–1934) der sozialdemokratischen Zeitung „Salzburger Wacht. Organ für das gesamte werktätige Volk", in der A. Latzko die Erzählung „Der Doppelpatriot" publizieren konnte. „Salzburger Wacht", 31. 10. 1924, Beilage „Unterhaltung und Wissen", S. 4–5. Siehe Anhang.

107 Der heutige Wert ist schwer zu bestimmen, da zu dieser Zeit (2. Hälfte 1921) das Stadium der Hyperinflation erreicht wurde. „Zwischen August und Dezember 1921 erhöhte sich der Index der Lebenshaltungskosten (Juli 1914 = 1) von 124 auf 661; im August 1922 schließlich stiegen die Preise um 124 Prozent […]. Am Ende der Inflationsperiode waren die Preise gegenüber der Vorkriegszeit um mehr als das 14.000fache gestiegen […]." – Vgl. https://ww1.habsburger.net/Die finanziellen Folgen für die neue Republik.

108 Stella Homann.

meinen Haushalt führen, m i t ihrer Cousine Frl. Berner, wovon ihr dann der Feind[109] keinen Strick drehen kann, da er ihr ja selbst geschrieben, sie möge sich und den Sohn mit irgendwelcher Arbeit ernähren.

Vorgestern war in Stettin wieder Verhandlung. Wolfg. Heine[110] hat in seinem letzten Briefe sehr zuversichtlich geschrieben, aber dass es noch m e h r e r e Tagfahrten geben wird in diesem unerfreulichsten aller Prozesse[111] verbarg er nicht.

Ich werde also mit einem nur halbfertigen Roman in wenigen Wochen wieder in Ihrer Nähe sein, und freue mich (es ist das Einzige worauf ich mich freue!) auf den ersten Spaziergang mit Ihnen.

Wenn Sie zufällig etwas von einer möblierten Wohnung irgendwo (Zell am See,[112] Ischl, oder sonst) wüssten, bitte denken Sie an mich.

In herzlicher Ergebenheit und besten Grüssen von der kleinen Frau
AndrLatzko
Handkuss an Frau Professor

(19) B Latzko an Bahr, Ms. [Theatermuseum, Wien, AM 58955Ba.]
Ansichtskarte von Alassio v. 30. 10. 21 [Ps]

Egr. Sgr.[113] Hermann Bahr, Ahrenbergschloss, Ahrenberggasse, Salzburg, Austria!

Vorderseite: Ansicht der Villa Maria-Clotilde, Alassio

Seitlich: Auf Wiedersehen – leider nicht hier! Herzlich Ihr ergebener ALatzko

Rückseite:
Wehmütig schicke ich Ihnen das Bild des Häuschens, das wir bis zum Juni gemietet hatten u. nun weiter vermieten müssen. Sehen Sie unten das Meer,

109 Verm. Hr. Homann, ihr (in Stettin?) getrennt lebender Noch-Ehemann.

110 Vgl. Anmerkung 36.

111 Scheidungsprozess.

112 Vermutlich nach dem Vorbild von Stefan Zweig, der sich im Sommer vor dem Festspieltrubel in Salzburg öfter dorthin zurückzog.

113 „Egr.“: Abkürzung für „egregio“ (ital.) = sehr geehrter; „Sgr.“ statt „Sig.“ für „Signore“ (ital.) = Herr.

das vorspringende Kap – ich hoffe wenigstens auf Zell am See,[114] um einen See wenigstens unter dem Fenster zu haben. Der Wechsel wäre zu hart.

(20) PK Latzko an Bahr, Ms. [Theatermuseum, Wien, AM 58954Ba.]
Ansichtskarte aus Venedig v. 29. XI. 192{1} [Ps]

Egr. Sgr.[115] Hermann Bahr, Ahrenbergpalais, Salzburg, (Austria)

Vorderseite: Venezia – Panorama della Laguna

Rückseite:
Um uns den Abschied[116] noch recht schwer zu machen, sind wir 6 Stunden lang durch Venedig gebummelt, zwischen 2 Zügen. Es ist schöner als je: Jetz<t> freut sich auf ein baldiges Wiedersehen Ihr herzlich ergebener Latzko.

Es grüsst Ihr Willy[117]
Es freut sich bald Sie wiederzusehen
Herzlich Ihre Stella Homann

(21) B Latzko an Bahr, Ms. [Theatermuseum, Wien, AM 20173Ba.]
Niederalm,[118] Post Anif, 30/XII 21

Lieber, sehr verehrter Herr Bahr,

da wir uns in diesem Jahre wohl nicht mehr sehen werden, will ich Ihnen schriftlich wenigstens in unser beider Namen für die uns so sehr-sehr werte Freundschaft danken, die Sie der kleinen Frau wie mir zu Teil werden liessen. Sie wissen, dass wir in Liebe und Verehrung an Ihnen hängen, bitte schenken

114 Vgl. Anmerkung 112.

115 Vgl. Anmerkung 113.

116 Abschied von Italien. Die Rückreise von Alassio nach Salzburg führte über Venedig.

117 Sohn von Asterik/Stella Homann, geb. 1911 in Berlin; später Stiefsohn von A. Latzko.

118 Die Latzkos bezogen nach der Rückkehr aus Italien eine Wohnung im Schloss Lasseregg in Niederalm bei Anif in der Nähe von Salzburg. Es war für ihn ein „herrliches Gefühl, wieder bei sich selbst zu wohnen, Bücher zu haben“. (Brief an Stefan Zweig vom 30. Dezember 1921).

Sie uns Ihre Freundschaft auch im kommenden Jahre, das Sie – wir wünschen es von ganzem Herzen – gesund dem nächsten übergeben möge!

Bitte übergeben Sie auch Frau Professor unser beider ergebenste Grüsse.

Auf hoffentlich recht baldiges Wiedersehen
in Verehrung und treuer Anhänglichkeit
Ihr dankbar ergebener AndrLatzko

Auch von mir viele herzliche Wünsche und hoffentlich auf ein baldiges Wiedersehen

Herzlich Ihre ergebenste Stella Homann

(22) B Bahr an Latzko, Ms. [Allard Pierson, U. v. A., Hs. Er 40:a (4).]

8. 4. 22

Lieber Freund!

Ich bin seit vierzehn Tagen in größter Unordnung,[119] d<ie> nun endlich das erwünschte Ergebnis gezeitigt hat, aber damit erwächst mir eine noch größere Unordnung. Jene Unordnung I bestand darin, daß wir, die seit zwei Jahren in München eine Wohnung suchen, diese vor drei Wochen fanden[120] und ich nun Sonne Mond und Sterne Münchens in Bewegung setzen mußte, um die Zustimmung der verschiedenen hohen Herren vom dortigen Wohnungsamt zu erwirken. Mein Selbstgefühl ist dabei beträchtlich gewachsen: denn ich habe die schönsten Anlagen zum Pferdedieb in mir entdeckt. Nun haben wir die Wohnung endlich und können am 1. Mai dort einziehen. Die Folge davon ist aber Unordnung II, eine noch viel größere: Ausziehen nemlich[!], das heißt Einpacken, Erlaubnisse für [Lochung:Tr]ansport erwirken, Erlaubnisse des „Inlands" wie des „Auslands", und vor allem das Allergräßlichste: meine Bücher packen, in solcher Ordnung packen, daß ich nicht in München beim Auspacken wahnsinnig werde!

119 Wegen des Umzugs nach München.

120 Adresse: Barerstraße 50/I.

Nun kommt heute meine Frau, um die Charwoche,[121] wo sie von ihrem Unterricht frei ist, zur Ordnung ihrer Dinge zu benützen und mir beim Ausmisten meiner Skripturen zu helfen usw usw usw – es wird grauenhaft sein.

Aber sobald das Gräßlichste hinter mir ist, ich hoffe: gleich nach Ostern, mach ich mir dann einmal einen ganzen Tag ganz für Sie frei, bring <Ihnen> dabei den <h>errlichen Diderot[122] zurück und dann wollen wir ein ausgiebiges Gespräch mit einander haben, nicht das letzte, denn wenn schon Sie keine Lust haben nach München zu kommen, so hoffe ich, sehr oft auf zwei drei Tage in Salzburg wieder aufzutauchen, Ihretwegen, lieber Freund!, und auch meiner unentbehrlichen Berge wegen.

Grüßen Sie bitte herzlichst die verehrte gnädige Frau von mir und seien Sie selbst herzlichst gegrüßt von Ihrem treuen

Hermann Bahr

Ich melde mich gleich nach Ostern!

(23) PK Bahr an Latzko, Ms. [Allard Pierson, U. v. A., Hs. Er 40:a (5).]

Herrn Andreas Latzko, Niederalm bei Anif

12. 4. 22

Lieber Freund!

Eben jetzt, Mittwoch den 12. um halb sechs Uhr abends, traf Ihr mir von der Jenny[123] schon vorgestern Mittag verheißener Brief ein, den ich erst lesen wollte, bevor ich Ihnen antworten würde. Die Antwort aber muß in der Sache selbst leider Nein sein, weil ich noch längst keine Wohnung in M.[124] fände, wenn sich nicht ein Tausch hätte machen lassen: meine M.'er[125] Existenz wurde dadurch erst möglich, daß in meine Salzburger Wohnung eine M'ner Partei einzi<eht> –

121 Karwoche, 10.–16. April.

122 Denis Diderot (1713–1784), französischer Schriftsteller, Philosoph und Aufklärer. Hg. der großen französischen „Encyclopédie" mit ca. 6000 eigenen Beiträgen. Trat für die Popularisierung der Aufklärung ein.

123 Vgl. Anmerkung 77.

124 = München.

125 = Münchner.

Zu der sehr frohen Nachricht,[126] die Sie mir schicken, die allerherzlichsten freudigsten Glückwünsche. Ich hoffe bestimmt Osterdienstag den 18. zu Ihnen hinauskommen[127] zu können.

Eiligst herzlich Hermann

(24) PK Bahr an Latzko, Ms. [Allard Pierson, U. v. A., Hs. Er 40:a(6).]

Herrn Andreas Latzko, Niederalm bei Anif

16. 4. 22

Lieber Freund!

Ich stecke so tief im Staub des Packens, daß es mir frühestens Ende dieser Woche, keinesfalls vor Samstag, vielleicht auch erst am 24. oder [? *Lochung*] möglich sein wird, zu Ihnen zu kommen, aber unter gar keiner Bedingung gehe ich fort, ohne noch ein paar gute ruhige Stunden mit Ihnen und der verehrten Frau H.[128] verbracht zu haben. Ich freu mich ja so herzlich, daß Ihr schönster Wunsch[129] jetzt bald in Erfüllung geht.

Eiligst herzlichst mit miserablen Nerven
Hermann B.

(25) B Latzko an Bahr, Ts. [Theatermuseum, Wien, AM 20174Ba.]

Niederalm, 30/IV. 22

Sehr verehrter lieber Herr Bahr,—

ehe ich den besprochenen Weg[130] unternahm, wollte ich mich doch überzeugen, ob ich mich nicht geirrt hatte, bezgl. der Ungeneigtheit der kl. Frau den röm kath. Glauben anzunehmen.[131]

126 Unklar; bezieht sich vermutlich auf die beabsichtigte Eheschließung A. Latzkos mit Stella Homann.

127 Nach Niederalm.

128 Stella Homann.

129 Verm. die Eheschließung mit Stella Homann.

130 Verm. zur Vorbereitung einer kirchlichen Trauung.

Nun, ich habe mich geirrt! Sie erklärte im Gegenteil, dass sie sehr gerne bereit sei den kath. Glauben, der ihr der sympathischste aller Glauben sei von jeher, anzunehmen. Sie ist jeden Augenblick bereit die nötigen Schritte zu tun, bei den geringen Abweichungen der beiden Religionen (es ist nur der Komplex Rom[132] einzufügen) wird es glaube ich nicht viel Mühe kosten.

Ich habe die Hoffnung dass dies die Ordnung der Angelegenheit bedeutend erleichtern werde? Es ebnet einer Seele den Weg zum kath. Glauben, und das wird hoffe ich entscheidend sein.

Sie dürfen aber nicht glauben, dass ich die Gewissenlosigkeit hatte auch nur mit einem Worte zu zureden[!], erhielt vielmehr auf die beiläufig gestellte Frage sofort die Antwort: „Furchtbar gerne, es ist mir immer schon die sympathischste Religion gewesen." (Wörtlich!)

In Folge dieser Wendung habe ich beschlossen Ihr Kommen am Mittwoch abzuwarten, und Sie ehe ich zu Hochw. Obweger[133] gehe nochmals zu sprechen. Denn ich denke dass jedenfalls zumindest der Übertritt der kl. Frau zur r.-kath.[134] Religion vorher stattfinden könnte, da dies sonst wieder eine wesentliche Verzögerung nach der rechtskräftigen Scheidung bedeuten würde.

Zu gleicher Zeit möchte ich Sie bitten über die Frage nach zu denken, ob Sie gerne die Patenstelle übernehmen würden bei der kl.[135] Frau? Sie hat, dies beschwöre ich, keine Ahnung davon, dass ich Ihnen diese Frage stelle. Ich weiss aber dass sie mit aussergewöhnlich warmer Verehrung und rührendem Vertrauen an Ihnen hängt, und sich wundervoll geborgen fühlen würde, wenn an dem Tage ihres Eintrittes in eine neue Religion Sie als Stütze neben ihr wären. Ich stelle eine unbescheidene Frage (denn eine Bitte ist es nicht!) aber es ist eben die sonderbare Mischung, dass ich der kl. Frau Vater und Ehemann[136] zugleich bin, und sie gerne in allem so weich betten möchte als sie bisher es hart gehabt hatte. Es handelt sich ja ausschliesslich um eine Assistenz bei dem Akte selbst, ein Posten den ich als angehender Ehemann voraussichtlich nicht versehen kann. Aber selbstverständlich werde ich Ihr

131 Stella Homann war griechisch-orthodoxer Konfession und mit Herrn Homann nach protestantischem Ritus getraut.

132 Der Papst als Oberhaupt der Kirche.

133 Jakob Obweger (1857–1948) war seit 1908 Dompfarrer und Stadtdechant in Salzburg.

134 Römisch-katholischen.

135 Kleinen.

136 In dieser Rolle sah sich A. Latzko zu dieser Zeit (Altersunterschied: 13 Jahre).

nein in genau derselben Stimmung hinnehmen wie Ihr ja. Wenn Sie Freude daran haben Pate zu sein, dann schlagen Sie es der kl. Frau selbst vor, ich werde am Mittwoch das Gespräch darauf bringen, dass die kl. Frau bereit ist überzutreten. Wenn Sie dann wollen, fragen Sie sie selbst ob sie gerne Sie zum Paten hätte, sie wird unendlich gerührt sein. Machen Sie den Vorschlag nicht, dann werde ich wissen, dass Sie einen Paten für überhaupt unnötig oder nicht genug wesentlich halten. Meine Anfrage wäre taktlos unbescheiden und von schlechtem Geschmacke zeugend, wenn ich mit der Eventualität des „nein" nicht genau so rechnen würde als mit Ihrem Ja.

Ich weiss keinen Menschen, ausser der kleinen Frau, zu dem ich so viel natürliche, selbstverständliche Wärme empfände als zu Ihnen, und daher kommt es, dass ich unwillkürlich immer in erster Reihe an Sie denke. Diese Tatsache verpflichtet mich Ihnen, nicht aber Sie mir („Wenn ich Sie liebe, was geht es Sie an?") es existiert also absolut kein Grund nicht völlig ungeniert nein zu sagen resp.[137] einfach zu schweigen, wenn ich am Mittwoch vor der kl. Frau die Frage des Übertritts erwähne.

Ich bin sicher Sie nehmen diesen Brief unbefangen wie er geschrieben wurde, und halten mich nicht für aufdringlich. Freue mich sehr auf Mittwoch

von ganzem Herzen Ihr getreuer
AndrLatzko

(26) B Bahr an Latzko, Ms. [Allard Pierson, U. v. A., Hs. Er 40:a(7).]
8. 5. 22

Lieber Freund!

Ich war eben beim Fürsterzbischof,[138] hab ihm alles erzählt und mit ihm alles besprochen, er verstand aufs erste Wort, daß Frau Homann behutsameren Geistes behandelt werden muß als irgend eine brave Salzburgerin und versteht auch ihr Bedürfnis nach äußerer Freundlichkeit, dessen er sich freut. Er wird dem Dompfarrer Obweger die notwendigen Weisungen geben und sich des

137 Respektive = beziehungsweise.

138 Ignatius Rieder (1958–1934, Erzbischof 1918–1934). Bis zur Säkularisation 1803 waren die Erzbischöfe auch weltliche Oberhäupter und trugen daher den Titel „Fürsterzbischof"; auf diesen Titel verzichtete erst Eb. Andreas Rohracher 1951.

Falls besonders annehmen. Am besten ist, wenn die gnädige Frau sich zunächst beim Dompfarrer meldet, der sie vermutlich zum Domcooperator[139] Obweger bringen wird. Ich würde denken, daß sie dann nach einiger Zeit entweder dem Dompfarrer oder dem Domcooperator den Wunsch ausspricht, einmal zum Fürsterzbischof gehen zu können, was ihr, sobald seine Gnaden[140] von Rom zurückgekehrt sein wird, sogleich zugestanden wird, und ich beneide sie um diese Begegnung, denn der erste Anblick dieses, von seiner geistlichen Würde ganz abgesehen, unvergleichlich hohen Mannes, eines geborenen Menschen gehört zu den großen Erlebnissen.

Wenn es dann so weit sein wird, daß ihr heiraten könnt, wäre mir lieb, wenn das an einem Samstag oder Sonntag geschehen und ich jedenfalls eine Woche vorher verständigt werden könnte.[141]

Herzlichsten Dank für Ihren lieben Brief. Ich kann ihn nicht erwiedern[!], denn unter meinen vielen Talentlosigkeiten steht die vollkommene Unfähigkeit, Gefühle auszusprechen (außer verlogene), obenan. Darin bin ich völlig ein oberösterreichischer Bauer,[142] der, wenn er wirklich einmal mit Leidenschaft liebt, dies nur dadurch mitteilen kann, daß er zu der Betroffenen sagt: Du Sau!

Lustig war mir, dass ich gestern den gewissen Stefan[143] heftig beschimpft habe, weil er die Ausweisung der Gräfin Treuberg[144] lebhaft billigte. Da er sie für eine „preußische Spionin" erklärt, hat sie fortan meine wärmsten Sympathien.

In Eile alles Gute wünschend
die verehrte gnädige Frau von Herzen grüßend
Ihr alter Hermann Bahr

Von morgen abends an hoffentlich München Barerstraße 50[?]

139 Funktion unklar.

140 Anrede für den Erzbischof.

141 H. Bahr war offenbar bereit, bei einer kirchlichen Trauung (ev. als Zeuge) anwesend zu sein.

142 H. Bahr stammte aus Linz und war in bürgerlichen Verhältnissen aufgewachsen; sein Vater war Rechtsanwalt und Notar. Das bäuerliche Leben in Oberösterreich kannte er wohl eher vom Hörensagen.

143 Verm. Stefan Zweig.

144 Hetta Gräfin Treuberg, geb. von Kaufmann-Asser (1886–1941) war eine deutsche Pazifistin und Salonière. Sie begann sich während des Ersten Weltkriegs politisch zu engagieren, lehnte den preußischen Militarismus ab und unterstützte politische Richtungen, die den Pazifismus förderten, wie die sozialistische Bewegung. Deswegen wurde sie auch „die rote Gräfin" genannt. Zu Beginn der Weimarer Republik wurde sie aus Preußen ausgewiesen.

(27) B Latzko an Bahr, Ms. [Theatermuseum, Wien, AM 20175Ba.]

Niederalm 6/Mai 22

Sehr verehrter, lieber Herr Bahr,—

wir haben – die kleine Frau und ich – beide dumm gehandelt,[145] aber es war uns nicht gegeben gescheuter[!] zu sein.

Sie haben es in diesen Tagen so oft von Leuten gehört, wie leid, wie weh etc. es ihnen täte Sie zu verlieren,[146] und warum lügen? – wir selbst haben derlei Versicherungen so oft schon leichtfertig abgegeben, es war uns einfach unmöglich Ihnen zu sagen wie tief Sie sich in uns verankert haben, weil man seine ehrlichen Gefühle von der Berührung mit abgenützten Worten hüten muss.

Als Ihre Trammbahn[!][147] weg war, sind wir ohne zu sprechen heimgegangen, die kleine Frau hat ganz redlich und bitterlich drauf losgeheult, und ich habe nicht einmal versucht sie zu trösten. Geschriebene Versicherungen sind nicht weniger kompromittiert als gesprochene, wir haben nur beide gelitten unter dem Gedanken, dass Sie – nicht etwa unser verlegenes Schweigen missverstehen, denn das ist ja so wunderschön dass man bei Ihnen nie zu befürchten braucht seine ehrlichen Gefühle missverstanden zu wissen – nur dass Sie das Gefühl hätten mitnehmen können, wir seien versunken in unsere Angelegenheiten[148] nicht fähig uns der Wärme zu freuen, die Sie uns schenkten.

Die kleine Frau wäre Ihnen, hätte sie es gewagt, ganz bestimmt um den Hals gefallen, und ich habe in den 25 Jahren die ich mit Bewusstsein und wachsender Urteilskraft verlebt habe keinen zweiten Gewinn, über den ich

---

145 Bezug unklar.

146 H. Bahr übersiedelte Anfang Mai nach München. Mit der Einrichtung eines „Hermann-Bahr-Stüberls" im Gasthof Steinlechner versuchten Freunde, die Erinnerung an ihn lebendig zu halten. Baron Adolf Pereira berichtete ihm am 16.7.1923 aus Salzburg/Aigen: „Als ganz kleines Zeichen meiner Verehrung u. Liebe habe ich, als einzig Hinterbliebener unserer neulichen Tafelrunde, die Vorbereitungen für das Hermann Bahr-Stüberl soweit beendet, dass es – wie ich hoffe – am 19. Juli [Geburtstag H. Bahrs] als solches erstehen kann. Und Latzko wird noch die Freundlichkeit haben – wie ich ihn heute schriftlich bat – über Salzburgs H.B.-Stüberl einige Worte an die Öffentlichkeit zu bringen" – Theatermuseum Wien: A 21870 BaM. Bahr schickte Bilder für die Gestaltung des Stüberls [Porträts von sich, seiner Frau und auch von „Gynzkey" (sic!)], worüber der Besitzer des Steinlechner, Herr Schnöll, „riesig stolz u. erfreut" war. Briefe A. Pereira an H. Bahr v. 9. 4. 1924 (Theatermuseum Wien: A 21 871 BaM) und v. 29. 5. 1924. (A 21 874 BaM).

147 Zu dieser Zeit gab es in Salzburg noch eine Lokalbahn, die „Rote Elektrische" (1903–1953), die vom Bahnhof in den Süden nach St. Leonhard am Fuß des Untersbergs führte.

148 Vor allem die geplante Eheschließung.

annähernd so stolz und so glücklich wäre, als die Freundschaft die Sie mir gezeigt und – ich hoffe und bitte – erhalten werden. Vielleicht ist das schon zu viel „gesagt“, – Sie werden Liebe, Aufrichtigkeit, Dank, alles was ungeschickt schüchtern dahinter steht, mit Ihrem gerechten Herzen nach Wert abwägen.

In Treue und Dankbarkeit begleiten Sie die besten Wünsche Ihrer Latzko's.

(28) B Stella Homann an Bahr, Ms. [Theatermuseum, Wien, 20189Ba.]
[Verm. als Beilage zu B (27)]

Sehr verehrter lieber Herr Bahr

Sehr gerne hätte ich Ihnen viel geschrieben, aber ich weiss, wie Sie viel Arbeit haben, deshalb nur so kurz als ich kann sage<n> Ihnen dass wir sehr bestraft sind. Wenn ich vor 14 Jahren Katholikin <gewesen> wäre, so wäre alles glatt giegangen[!][149] und wir uns so gefreut hätten Sie zu sehen, so aber straffe[!] ich auch meinen Mann deswegen.

Es ist nicht mehr schön hier, seit Sie weg sind. Es ist sicher nicht nur Einbildung, sondern wahr, dass ich auf die[!] Strassen, wenn wir zu zweit gehen, mich in einem Walde fühle, wo niemand ist, nur Löwen und Tiegern[!], die warten auf uns um uns zu fressen. Dieses Gefühl hatte ich immer hier, aber jetzt ist es ganz schlimm. So selten sehen wir Sie, aber <es> war schön Sie hier zu wissen. Wäre es ganz unbescheiden die Hoffnung auszusprechen dass Sie die zwei Tage die <Sie> uns schenken wollten, als Hochzeitsgeschenk bringen? Natürlich nicht als Trauzeuge, auch nach der Trauung, aber als Hochzeitsgeschenk. Glauben Sie mir, dass es mir grösste Freude wäre!

Mit aller herzlichsten Wünschen für zu Hause und Ihnen
In herzlicher Verehrung und Dankbarkeit
Ihre Stella ? Namen habe ich jetzt vorläufig gar keinen.[150]

149 Die Zugehörigkeit Stellas zur griechisch-orthodoxen Konfession verhinderte eine katholische Eheschließung (A. Latzko war katholisch getauft); eine zivile Trauung empfand Stella als unbefriedigend.

150 Die Ehe Stellas mit Herrn Homann ist offenbar für nicht existent erklärt worden, da sich dieser in Stettin bei der Polizei als „unverheiratet“ gemeldet hat (siehe Brief A. Latzkos vom 26. 3. 1921, Charsamstag). Daher ist der Name Homann für Stella nicht mehr gültig, mit

(29) B Latzko an Bahr, Ts. [Theatermuseum, Wien, AM 201766Ba.]

Niederalm bei Anif 17/VI. 22

Sehr verehrter lieber Herr Bahr,—

Sie wissen ja, dass emsiges Briefschreiben unsere Sache schon rein technisch nicht sein kann, dass wir gar so lange geschwiegen haben ist durch eine Verkettung von Hindernissen verursacht.

Vor allem war drei volle Wochen lang der Feuilletonredakteur des „Het Volk“[151] aus Amsterdam in Salzburg, verbrachte hier mit seiner Frau die Ferien, und ich hatte mich zu benehmen, wie man sich eben seinem Brodherrn[!] gegenüber aufführen muss. Er ist ein durchaus sympathischer, kluger, gutherziger und sehr begabter Mensch (ein sehr guter Roman ist auch in deutscher Übersetzung erschienen) aber drei Wochen sind natürlich trotz allem ein wenig viel, besonders da wir seit dem 1ten Juni wieder kein Mädchen haben, und auch die Cousine der kl. Frau, Frl. Berner seit Ende Mai abgereist ist, mit der Absicht zu ihrem Vater zu gelangen, der ihr zu diesem Zwecke aus Kiew einen Brillianten[!] hat herausschmuggeln lassen, dessen Verkaufspreis die Reise deckt.

Die kl. Frau ist also nun ganz ganz allein Stubenmädchen, Köchin, Wäscherin, Büglerin, Flickerin und Stopferin, und auch Laufbursche noch, muss jeden morgen $^{1}/_{2}$ 6 aus dem Bett um für ihren Sohn Frühstück zu kochen, und dann auf dem Rad nach Grödig um Fleisch, nach Leonhard[152] um Gemüse, zum Bäcker, um Milch etc. Bis $^{1}/_{2}$ 9 abends komt[!] sie überhaupt nicht zum sitzen[!], und was ich ihr helfen kann ist nicht viel mehr als die Hilfe des Dummen August[153] im Circus. Schuhputzen, Teppichkehren, einigemale statt ihrer

A. Latzko ist sie aber noch nicht verheiratet. Ihren Mädchennamen Asterik Otaroff hat sie aber nicht wieder angenommen.

151 „Het Volk“ war eine Zeitung der niederländischen sozialdemokratischen Arbeiterpartei. Sie wurde 1900 in Amsterdam gegründet und hatte um 1920 eine Auflage von über 40 000 Exemplaren. Das Feuilleton betreute zu dieser Zeit der Schriftsteller A(drien) M(ichael) de Jong (1888–1943). Aus seiner Bewunderung für A. Latzkos Buch „Menschen im Krieg“ entstand eine Freundschaft. De Jong bat A. Latzko um Beiträge; so entstanden seine „Briefe aus Österreich“, die gesammelt in zwei Serien 1923 im Verlag „Ontwikkeling“ erschienen sind („Brieven uit een stervend land“ und „Brieven uit een herlevend land“). A. M. de Jong wurde 1943 von niederländischen SS-Leuten (Sonderkommando „Silbertanne“) ermordet. (Vgl. Lebensfahrt, 212–213).

152 Grödig, St. Leonhard: Orte in der näheren Umgebung von Niederalm.

153 Clownsfigur.

die Treppen laufen, voilà tout.[154] Es ist auch für mich eine Plage die kl. Frau so angespannt schuften zu sehen, aber was tun? Hierzu noch fast tag-täglich Gäste,[155] mal zur Jause, mal zu Mittag, mal zum Abendessen und zuweilen über den ganzen Tag, auch ohne Hausfrau zu sein<,> können Sie sich's vorstellen, dass solche Wochen Kriegszeit sind.

Vorher gab es mit der Abreise der Cousine Arbeit und Aufregung, und endlich sorgt ja das sogenannte „Leben“ in Österreich dafür, dass man nicht zu Atem komme. Eine Zeit lang jubelten hier schon manche im Geheimen dem unmittelbar bevorstehenden Aufmarsch der bewussten 90 000 bewaffneter Bauern Heimatwehr[156] zu. Angeblich ist die Exekution bis nach der Ernte verschoben.

Sicher ist, dass die letzte wahnwitzige Hausse auf der Wiener Börse auch politischen Charakter hatte. Das Spiel geht ja jetzt schon seit 2 Jahren. Man kauft in Wien schweizer Franken auf, wirft dann auf der Züricher Börse einige hundert Millionen öster. Kronen auf den Markt, was unseren Kurs um 1 Centime hinunterdrückt, darauf antwortet Wien mit einer 100%igen Erhöhung des Franken, und ein Milliarden Profit in Kronen ist eingesteckt. Dass nachher die Kurse wieder fallen, damit in zwei – drei Monaten das Manöver wiederholt werden könne, nützt uns nichts. Denn die Kaufleute sperren sofort ihre Waren, geben nur mehr minimale Quantitäten ab, und setzen ihre Preise den Hausse-Kursen entsprechend hinauf, sub Titulo:[157] die nächsten Einkäufe würden ihnen umsovieles teurer kommen. Dadurch gewinnen sie an den noch billig gekauftem Lager Unsummen, mit den nächsten Einkäufen wird sich dasselbe wiederholen, und wenn die Kurse auch wieder hinuntergehen, die Preise bleiben! Folge: der Bauer steigert entsprechend Milch (die heute schon

154 Und all das (frz.).

155 Am Pfingstsonntag 1922 [=4. Juni] berichtete Baron Adolf Pereira in einem Brief aus Salzburg an H. Bahr in München: „Neulich war ich mit Baronin Helene bei Latzko's. Ein reizender N.M [=Nachmittag]. So ein lieber guter Idealist er, u. so eine liebe kl. Frau sie. Es war ein sehr anregender Disput. Und dieses bijou von einem Haus! Sie waren eben, als wir gingen, noch in größtem Hin und Her wegen eines Telegramms ihrer Cousine. So wie ich verstand, ist diese am Wege nach Russland, hatte sich aber für den nächsten Tag zur Durchreise in Salzburg (:deutsche Pass-Stelle:) angesagt, was wieder mit einer projektierten Partie für den nächsten Tag an den Attersee mit holländischen Freunden collidierte.“ – Theatermuseum Wien: A 21 864 BaM.

156 Gemeint: „Heimwehr“. Eine paramilitärische Organisation, die der christlichsozialen Partei nahe stand, gerichtet gegen die Sozialdemokratie und deren paramilitärische Organisation „Republikanischer Schutzbund“.

157 Unter dem Titel; gemeint: mit dem Ziel.

400 Kronen pro Liter), Butter (6 500 pro Kilo) kostet, darauf kommen neue Lohnforderungen, und das dreht sich so fort, bis …

Nun, dieses Ziel scheint ziemlich klar. Es ist ja im grossen Ganzen schon erreicht. Was aufeinander folgt ist für die Masse immer Ursache und Wirkung. Erst Revolution, dann Katastrophe. Von allem was noch früher war, von Krieg und Pestilenz weiss niemand mehr etwas. Der Beweis ist also geführt, die Frage ist nur mehr, wer den Profit haben soll. Dass mehrere Konkurrenten da sind ist der einzige Hemmschuh. Aber schliesslich wird irgend eine Seite schon die Geistesgegenwart haben. Bei der nächsten oder übernächsten solchen Valuta und Preissteigerung werden einige verdienstvolle Burschen „auf Antrag" den Damm der Volksentrüstung durchstechen, die Pandorabüchse des Bolschewismus wird 24 bis 48 Stunden lang angeblich unerhörte Freveln über die Strassen Wiens ausschütten (vide Budapest, München und Berliner Spartakus[158] mit Liebknechts[159] Ende und Noskes[160] Glück) und dann wird die Diktatur etabliert sein, man könnte einen Totalisator[161] etablieren, ob christlich-sozial-habsburgisch mit Rotschildgeld, oder Stinnes[162]-Grossdeutsch, oder Rupprecht-süddeutsch föderalistisch. Ich tippe auf „Frontkämpfervereinigung",[163] will sagen die alten Offiziere der K.K. Armee, mit einer Bauernarmee im Rücken, nur wer ihr Genie ist, davon habe ich keine Ahnung, da ja Czernin[164] grossdeutsch geworden ist, als der typisch Überschlaue, der immer daneben greift.

Unterdes aber gehen wir lustig zu Grunde. Vor zwei Monaten noch versprach ich der kl. Frau für den Fall, dass irgendein Verleger meinen „Wilden Mann"[165] annimmt<,> ein Fahrrad und ein Kostüm. (Sie fährt jetzt auf geborg-

158 Hinweis auf die revolutionären Bewegungen 1918/1919 in diesen Städten.

159 Karl Liebknecht (1871–1919), deutscher Marxist und linksrevolutionärer Politiker. 1919 ermordet.

160 Gustav Noske (1868–1946), deutscher Politiker, erster sozialdemokratischer Minister. Verantwortlich für die Niederschlagung des „Spartakusaufstandes".

161 Einrichtung zum Abschließen von Wetten.

162 Hugo Stinnes (1870–1924), deutscher Industrieller und Politiker. Erfolgreicher Organisator in Handel und Schwerindustrie. Profitierte stark von der Nachkriegsinflation („Inflationskönig").

163 Die Frontkämpfervereinigung Deutsch-Österreichs wurde im April 1920 gegründet. Sie war ein Wehrverband der politischen Rechten in der Ersten Republik.

164 Ottokar Czernin (1872–1932), österr.-ungarischer Diplomat; 1916–April 1918 k. u. k. Außenminister.

165 Vgl. Anmerkung 61.

tem schlechtem Rad.) Nun, ich hatte das unverschämte Glück, dass besagter Amsterdamer Redakteur den „Wilden Mann“ in seinem Blatte in Fortsetzungen bringt und ich so unverhofft eine ansehnliche Summe holl. Gulden verdiene. Aber Rad? Kostüm? Schnecken! Wir wären einfach verhungert ohne diesen Zufall, da innerhalb eines Monats die Preise sich neuerdings verdoppelt haben! Erinnern Sie sich an die Preise bei Ihrer Abreise? Die sind heute schon gute alte Zeit. Unter 10 000 Kronen können wir uns nicht verpflegen, nur das Essen, hier in Niederalm! Für Brot allein brauchen wir ja 1000 Kronen täglich.

So sind wir also beide reichlich mit Arbeit versehen, die kl. Frau wie ich, denn ich muss irgendwie die Unsummen in's Haus schaffen die dann von der kl. Frau auf dem Rade ausgetragen werden. Es ist eine wilde verwegene Jagd. Ich habe mein Romanmanuskript[166] in eine unzugängliche Schublade versenkt, und fabriziere auf Teufel kommraus „süffige“ Betrachtungen über allerhand Zeitgenössisches, für eine Perlenreihe von ausländischen Blättern. In Rom, Paris, Holland und Buenos Aires habe ich schon fixe Abnehmer für monatlich drei solche Ergüsse, ich bin auf der Jagd nach gleich fixen Abnehmern in New York, Kopenhagen, Stockholm, ev. auch Belgien, wo ich überall nur gelegentliche Konsumenten habe, die nur etwa halbjährlich einmal reagieren, was jetzt nicht mehr genügt. Gelingt es noch wenigstens zwei feste Abnehmer für diese drei monatlich verfertigten Kunstwerke zu ergattern, dann sind wir aus dem Wasser, – bis zur nächsten Preisflut.

Dass der Mensch die einzige Maschine ist die betrieben wird, einzig um genau den Preis des Heizmaterials zu verdienen, das verbraucht wird um die Maschine in Gang zu halten, ist sicher. Kann es Idiotischeres geben, als dieses glatte Aufgehen von Konsum und Leistung, ohne jedes Resultat?

Und doch muss man eigentlich noch niederknieen[!], und denken, dass man das Glück hat es wenigstens, wenn auch ohne Dienstmädchen, ganz Robinsonhaft und pennyalinering[167] aber immerhin leisten und erschwingen zu können. Aber, man lebt ja nicht, man wird gelebt, also flott weiter!

Von Heine[168] [er]warten wir jeden Tag Nachricht. Die kl. Frau war bei Monsignore Obweger,[169] der ihr gesagt hat dass der Erzbischof sich selbst mit der Sache befassen wird, d. Z. <aber> in Rom ist, die kl. Frau solle also nach

166 Mit dem Titel „Sieben Tage“ 1931 erschienen.

167 Penny-a-liner: schlecht bezahlter Schriftsteller/Zeitungsschreiber, Zeilenschinder.

168 Vgl. Anmerkung 36.

169 Dompfarrer in Salzburg.

Pfingsten wieder kommen, bis dahin aber vom Armenierkloster auf St. Lazare[170] bei Venedig zu erfahren suchen, wie der Akt der Taufe nach armenisch-gregorianischer Rite ausgeführt wird? Bis heute haben wir auf die Anfrage von St. Lazare noch keine Antwort, und wollen bald reklamieren. Auch dann wird es vor allem notwendig sein, dass die Mädchenfrage irgendwie gelöst wird, denn jetzt ist die kl. Frau an Haus und Herd gebunden und kann [den] ganzen Tag nicht fort. Aber ich hoffe bis der Erzbischof zurück sein wird, werden auch Antwort aus St. Lazare und irgend eine wie immer geartete Hilfe gefunden sein. So kann es wirklich auf die Dauer nicht gehen! Wie es sonst gehen soll, ist freilich auch nicht auszudenken. Einmal waren wir Gäste unserer holländischen Freunde im Österreichischen Hof zu Mittag. Der Herr zahlte für 6 Personen 52 000 Kronen, ohne Trinkgelder und wir hatten alle ein ganz einfaches Mittagessen, Suppe, Fleisch, Gemüse, Mehlspeise. Der arme Metzel braucht jetzt schon 400 000 Kronen monatlich beim Steinlechner,[171] ohne alle Nebenausgabe<n>, wie Rauchen, Schule, Kleidung, Wäsche etc. nur für essen und wohnen.

So hat die französische Revolution als guter Regisseur zehn Jahre lang das Auftreten Buonapartes prepariert[!]. Wir hatten diesmal keinen Robespierre und werden auch keinen Napoleon haben. Den Terror haben statt blutrünstiger Advokaten geldgierige Schieber, Banken, Grosskaufleute, Bauern ausgeübt, die Diktatur müsste also per analogiam auch eine Kollektivdiktatur werden. Dafür spricht ja auch das Vorbild in Ungarn und Bayern. Ich denke ausser einem Progrömchen[!] in der Taborstrasse[172] mit einigen hundert erschlagenen blutarmen Ostjuden, wird es nicht viel Schauriges geben.

Man versichert mir zwar hier, dass ich bestimmt, ganz bestimmt auf der Strecke bleiben werde, und ein Asyl in Holland ist mir schon freundlich zur Verfügung gestellt worden,[173] aber ich denke, der Mensch kann seinem Schicksale nicht davon laufen. „Si elle est pour toi, elle te trouvera dix metres sous la terre!“[174] sagte Napoleon I zu einem Kanonier der sich duckte als eine Granate heransauste. Lustig war es mir von meinem holländischen Freunde zu erfah-

170 San Lazzaro degli Armeni. Kloster auf einer Insel in der Lagune von Venedig, Mutterhaus des Mechitaristenordens. Bedeutendes Zentrum der armenischen Kultur.

171 Traditionsgasthaus im Salzburger Stadtteil Parsch.

172 Straße im 2. Wiener Gemeindebezirk mit größerem jüdischem Bevölkerungsanteil.

173 A. Latzko übersiedelte 1931 auch tatsächlich nach Amsterdam.

174 Wenn sie für dich ist, wird sie dich auch zehn Meter unter der Erde finden. (frz.).

ren, dass er in der Trammbahn[!] zufällig seinem Landsmann Metz[175] und Homo canis[176] Zweig mit Familie begegnet war, und im Gespräch die Mitteilung erhielt, man könne mit mir nur spärlich und vorsichtig verkehren, weil meine Radikalität kompromittierend ist.

Ich kann mir nichts Groteskeres vorstellen, als meinen Märtyrertod. Kein Gelehrter wird entscheiden können, f ü r welche Idee ich nun eigentlich gestorben bin? Ich selbst verweigere jede Auskunft. Die Leute sollen sich nur den Kopf zerbrechen, wenn sie meinen eingeschlagen haben.

Dass die kl. Frau vor Entrüstung bebte über die von dem Holländer hinterbrachte Äusserung können Sie sich denken.

Ich habe eine kleine Cousine (d. h. jetzt ist sie gar nicht klein, sondern Mutter mehrerer Kinder) die im Alter von etwa 10 Jahren einmal den Ausspruch tat: „Nach dem lieben Gott habe ich Gerbaud[177] (das ist der berühmte Zuckerbäcker Budapests) am liebsten.“ Per Analogiam könnte man von der kl. Frau glaube ich mit Fug und Recht sagen: nach Gott habe sie Hermann Bahr am liebsten. Sie ist sehr unglücklich darüber, dass Sie fort sind, und es vergeht wirklich kein Tag, ohne dass in unserem Hause einige Minuten wenigstens von Ihnen gesprochen würde. Dass Sie es geschrieben und frankiert nicht unbedingt bescheinigt bekamen, lag nur daran, dass wir Anfangs Sie schonen wollten, bis Sie eingerichtet wären, dann auf Antwort aus Venedig warteten, und jetzt seit drei Wochen gehetzte Tiere sind.

Die kl. Frau soll ich auch jetzt entschuldigen, denn sie hat viel zu viel Respekt um nur so einige Zeilen an <Sie> zu krizzeln[!], und zu einem regelrechten Briefe der mit Lampenfieber, Aufregung und Konsilien bezüglich deutscher Ausdrücke verbunden sein müsste, reicht die Zeit wirklich nicht. Montag wird gewaschen, Dienstag Mittwoch gebügelt, Donnerstag Freitag geflickt und gestopft, Samstag muss man gründlicher aufräumen, da man ja während der Woche sich immer eilen muss, und keiner von uns beiden geprüftes Zimmermädchen ist, und gestern, am ersten gastfreien Sonntag, kam unerwartet

175 Dabei dürfte es sich (nach Angaben des Zweig-Biographen Oliver Matuschek) um einen Freund des Hauses Kapuzinerberg 5 namens Friedrich (auch Fritz) Metz handeln (1888 oder 1890–1969), der 1917–1931 in Salzburg lebte. 1921 wurde er als Mitbewohner des Hauses Kapuzinerberg 5 eingetragen, um Zwangseinquartierungen zu entgehen. 1929 war Stefan Zweig mit ihm in Brüssel unterwegs.

176 Hundemensch (lat.). Stefan Zweig war gerne mit Hund unterwegs.

177 Café Gerbaud, gegründet 1858, großes und traditionsreiches Kaffeehaus und Konditorei in Budapest, das auch k. u. k. Hoflieferant war.

Freund Metzel[178] und brachte uns Ihre Grüsse, nahm aber die Zeit die seit langem ausersehen worden war für ein gemeinschaftliches Schreiben an Sie. Nehmen Sie also bei der kl. Frau die gute Absicht für die Tat hin, und mich entschuldigen Sie für meine Geschwätzigkeit.

Ergebenste Empfehlungen an Frau Professor und Glückwünsche zu dem grossen Erfolge des „Rings".[179] Ihnen bleiben wir beide in liebevoller Verehrung und Dankbarkeit ergeben

A. Latzko u. kl. Frau

(30) B Latzko an Bahr, Ts. [Theatermuseum, Wien, AM 20178Ba.]

8/8 22

Dad,[180] Komitat Komorn (Ungarn)

Sehr verehrter lieber Herr Bahr,—

Sie sind der grosse Wermutstropfen in dem süssen Kelch des „Nicht-in Salzburg-seins zur Festspielzeit".[181] Aber so sehr wir es auch immer wieder und wieder in Betracht zogen dass wir Sie versäumen, – es ging absolut nicht, aus tausend und einen Gründen. Sie kennen ja gewiss die Geschichte des Geistlichen der anlässlich des erzbischöflichen Besuches die Glocke nicht läuten liess und vom Bischof um den Grund gefragt die Antwort gab: er habe 1001 Gründe, der erste sei dass er keine Glocke habe. Worauf der Erzbischof die 1000 restlichen Gründe aufzuzählen in Gnaden erliess. Ähnlich bei uns: erstens waren wir den *materiellen* Anforderungen nicht gewachsen! In offener Konkurrenz mit den holl.<,> englischen und Dollargästen Herrn Jungs um die Eier der Salzburger Hühner uns zu bewerben waren wir auf die Dauer nicht in der Lage. Die Teuerung mit der speciellen Salzburger-Quote kombiniert mit dem Reinhardtschen Vergnügungszuschlag ergänzt drehte unserem kleinen Haushalt den Kragen um.

---

178 Vgl. Anmerkung 32.

179 Anna Bahr-Mildenburg inszenierte 1922 bei den Osterfestspielen im Münchner Nationaltheater Richard Wagners Nibelungen-Ring; sie galt als hervorragende Wagner-Sängerin.

180 Die kleine ungarische Gemeinde Dad liegt zwischen Budapest und Györ, südwestlich von Tatabánya. Ein Bruder von A. Latzko besaß dort ein großes Landgut.

181 Die Preissteigerungen zur Festspielzeit, insbesondere hinsichtlich der Unterkunft im Hotel, setzten A. Latzko zu.

Es kamen aber – unnötigerweise – nicht weniger zwingende Gründe noch hinzu. Seit Ihrer Abreise schon beiläufig haben wir den Haushalt ohne jegliche wie immer geartete Hilfe geführt, da ja die Cousine Katja[182] fort ist. Das heisst mei<n>e arme Frau musste morgens ½ 6 schon Frühstück kochen für unsere Schulbuben, musste einkaufen fahren auf dem Rad, aufräumen, kochen (Mittags und Abends) dazu noch die ganze Wäsche waschen und bügeln einmal wöchentlich, nähen flicken, stopfen etc etc. es war unmöglich und wirklich qualvoll zum ansehen. Ich selbst war ein fleissiger Dummer August, spaltete Holz, heizte den Herd, polierte Stiefel, schwang den Besen, und <ver>wandelte mich erst gegen 11 in den „produktiven" Literaten zurück, der sich weniger durch den Export geistiger Produkte als durch den Import fremder Geldsorten ernährt. Dass uns dieses Amphibienleben sehr gut getan hätte kann ich nicht behaupten. Meine Frau behauptete zwar es sei ganz recht so gar nicht arg beschwerlich etc. aber ich muss sagen es ist nicht gut dass der Mensch ohne Dienstboten sei. Nicht weil die Arbeit schändet, im Gegenteil, ganz bestimmt ist es bequemer Kammerdiener zu sein und Stiefel zu putzen als Ciculatfeuilletons[183] zu schreiben die von Buenos Aires bis Stockholm und Rom bis New York gleichmässig „interessieren" können. Aber ich finde eben niemanden der gegen „angemessenes" Gehalt bereit wäre mir diese Tätigkeit abzunehmen. Wie gerne würde ich dann n u r Holz spalten und Stiefel und Zimmer putzen! Das Schöberlsystem[184] aber: bei Tag ein Stuhl bei Nacht ein Bett behagt mir nicht, die Schuhe und der Fussboden beide leiden ganz entschieden unter der literarischen Paralleltätigkeit.

Kurzum, das war der zweite Grund. Länger als der Schulbesuch Willys[185] uns zwang da zu bleiben, wollte ich meine Frau in der blödsinnigen Hitze nicht a<m> Herd und Waschzuber stehen lassen, – und da ein Badebesuch erst recht nicht in Frage kam, so blieb mir eben nur der Ausweg: auf Besuch zu gehen, bei einem Bruder der 4300 Joch[186] ungarischen Bodens besitzt, dazu zwei Fabricken[!], bedeutet eine Literatenfamilie keine nennenswerte Mehrbelastung des Budgets.

182 Katja Berner, eine Kusine Stellas.

183 Beiträge, die in mehreren Zeitungen erscheinen.

184 Verm. Anspielung auf eine Art Doppelconférence zwischen einem klugen und einem begriffsstutzigen Schauspieler, die ihren Ursprung in Budapest hat. A. Latzko könnte sie im Budapester Orpheum kennengelernt haben.

185 Sohn von Stella (1911–1950).

186 In Ungarn ca. 2000 Hektar.

Wir haben es auch sehr sehr schön hier, Kühe und Milch, Pferde und Wagen und Sättel, Hühner und Eier, alles ist wie in Kanaan,[187] die Gastgeber wirklich die Liebenswürdigkeit selbst, und die Umgebung respektvoll wie es den brüderlichen 4300 Joch gebührt, aber –

Ja, die aber will ich Ihnen ausführlich mündlich erzählen. Genug dass man sich bemühte mich hier zu behalten, ein Ruf dem ich im Interesse von Frau und Kind von Herzen gerne Folge geleistet hätte, aber – eben aber! Die Vorstellung, dass man nur Gratis-Mehl, Fett, Butter, Eier, Holz, Hühner und Wohnung! in erreichbarer Nähe sehen muss, und gar noch eine direktoriale Synekur[188] dazu, und dass es dann selbstverständlich ist etwa zu sagen: „Na, Gottlob, nun habe ich es also gar nicht mehr nötig sociales Gefühl gegen Zeilenhonorar zu verzapfen, wie nett von den Menschen, dass sie bereit sind es ganz zu vergessen dass ich Jahrzehnte lang mich derart kompromittierte habe", dass dieser indulgente[189] Standpunkt zu Tränen rührt und man froh ist so billig von seiner Weltanschauung und seinen letzten 25 Lebensjahren loszukommen, und in das Direktorium irgend einer Fabrik hinein, die drei bis fünfhundert Prozent trägt jährlich, – diese vereinfachte Vorstellung stimmt leider in meinem verzweifelten Falle nicht, der Gedanke in 4 Wochen wieder nicht zu wissen wovon ich den Metzger morgen bezahlen werde, schreckt mich entschieden viel viel weniger, als der Gedanke täglich Arbeiter und Arbeiterinnen coudoyieren[190] zu müssen<,> deren Arbeit mehrere Hundert Prozent – dem Arbeitgeber trägt, den Arbeitenden selbst entsprechend weniger, denn es ist ein Märchen dass man den Luxus auf andrer Basis verdienen kann als auf der Unterbezahlung der Leistung.

Kurz, um ganz aufrichtig zu sein, ich werde mich doch strecken und dehnen wenn ich wieder ich sein darf, ohne ununterbrochen auf nahverwandten Hühneraugen zu stehen. Für die kleine Frau ist das wenig erfreulich, sie könnte es so gut brauchen ein wenig verwöhnt zu werden, mit gleich-jungen Schwägerinnen und Cousinen in verwandtschaftlichem Verkehre stehen, Pest ist eine farbige, wie Mistkäferflügel irisierende Stadt, aber – ich bilde mir ein, dass ich ihr als Fabriksdirektor oder sowas noch weniger gefallen würde als jetzt schon. Vielleicht ist das nur Einbildung, aber es ist meine Lebenslüge, und es wird sie mir kein Herrgott ausreden.

187 Das „Gelobte Land" des Alten Testamentes.

188 Amt ohne Verpflichtung.

189 Nachsichtig, nachgiebig.

190 Coudoyieren (frz.) = überflügeln – mit der servilen Aufgeblasenheit des Reichtums.

Schwer lastet auf uns der Schwebezustand,[191] dessen Fortdauer wir fraglos der Negligenz[192] Wolfgang Heines[193] verdanken. Auf drahtbezahlte Anfrage telegraphierte er im Juni „Erledigung vor Gerichtsferien ausgeschlossen". Dass bei entsprechendem Nachdruck es möglich gewesen wäre frühere Termine zu bekommen, scheint mir nicht zweifelhaft. Dieser unmögliche Zustand kommt uns mit direkten und indirekten Umständlichkeiten weit höher als eine intensivere rechtsanwältliche Tätigkeit evtl. gekommen wäre. Das ist nun freilich moutarde après diner,[194] – wenn Sie Heine bei den Festspielen sehen, bitte zeigen Sie ihm doch dass Sie sich für unseren Fall interessieren, vielleicht geniert er sich dann doch die Sache so endlos hinzuziehen. Es sind jetzt genau zwei volle Jahre dass er die Sache übernommen hat. Wie schön sind Deine Zelte oh Israel![195] – Warum nahm ich nicht einen emsigen Rosenthal, der voll tiefster Verachtung für meine literarische Tätigkeit gegen entsprechende Kostenvorschüsse und deponierte Überhonorare unsere Hände längst schon vereint hätte.

Nun, für das nächstemal ist's ne gute Lehre.

Nächst diesem Kummer ist unsere schwerste Sorge die Wohnungsfrage, trotzdem uns hier in der Person des Baron Pereira[196] ein wirklich werktätiger lieber unschätzbarer Helfer erstanden ist. Es ist nämlich so, dass ganz abgesehen von der horrenden Miete (es werden für das kommende Jahr 700 schweizer Franken = 7 Millionen verlangt) bei den jetzigen märchenhaften Preisen

---

191 Ungewissheit hinsichtlich der beabsichtigten Eheschließung.

192 Nachlässigkeit.

193 Vgl. Anmerkung 36.

194 Senf nach dem Abendessen, d. h. man braucht es nicht mehr. (frz.).

195 Beginn eines jüdischen Gebetes. Hier gemeint: Ein jüdischer Rechtsanwalt hätte den Fall längst geregelt.

196 Adolf Freiherr v. Pereira-Arnstein (1870–1951). Nachkomme einer ursprünglich aus Portugal stammenden jüdischen Bankiersfamilie. Heinrich v. Pereira-Arnstein (1773–1835, seit 1810 katholisch) war 1812 in den Herrenstand aufgenommen worden. Er besaß mehrere Herrschaften in Niederösterreich, vor allem im Waldviertel, und erwarb ein großes Vermögen mit Staatsanleihen während der Napoleonischen Kriege und später im Eisenbahnbau. „Die ursprünglich jüdischen Bankiers Pereira integrierten sich dank Großgrundbesitz und Heiraten in die kath. großbürgerlich-aristokratische Gesellschaft, die zumindest in der österreichischen Reichshälfte des ausgehenden 19. Jhs. bestimmend war. Was die ersten beiden Generationen geschaffen und erworben hatten, konnten die folgenden Generationen nur teilweise halten." – https://www.deutsche-biographie.de.
Adolf v. Pereira (k.u.k. Leutnant d. Tiroler Regiments) heiratete 1896 in Graz Caroline Vicomtesse de Forestier. (Österr. Staatsarchiv AT-OeStA SB).

für jede Art von Fuhrwerk, würde uns allein das Hinausschaffen[197] des nötigen Holzes und Torfes Millionen kosten über den Winter, ohne das Material! Der Kleine[198] müsste als Realschüler heuer schon in der Stadt bleiben über Mittag, also morgens um ½7 im Finsteren weg, abends ½ 7 im Finsteren heimkommen, auch wieder viel Geld kosten, und wir müssten für uns zwei allein daheim Küche führen, meinen grossen Sohn[199] in Wien, Willychen in Salzburg verpflegen lassen, – und endlich kommt da hinaus natürlich auch nicht sobald ein Mädchen. Kurz: eine Wohnung in der Stadt täte bitter Not, auch meinen Möbeln, die einen vierten Winter im Lagerhaus nicht mehr überdauern werden.

Zu spät erfuhr ich dummer Wolkentreter, dass es eine sehr reelle Art gibt die Wohnungskommisssion kirre zu kriegen: man „spendet“ eine ansehnliche Summe für den städtischen Wohnungsfonds! Nun habe ich durch Vermittlung meines Schutzengels,[200] als die Not zuletzt wieder am allerhöchsten war, meinen Wilden Mann[201] nach Holland verkauft, und zwar als Zeitungsroman,[202] gegen zehn Gulden pro Fortsetzung, das ist in Kronen eine sehr ansehnliche Summe, und ich brenne darauf dieses Geld zur Bekämpfung des Wohnungsmangels in Salzburg verwendet zu sehen! Wenn die hohe Stadtbehörde sich entschlösse mir 5 anständige Zimmer zu bewilligen so wäre mit den drei Millionen Kronen mehr Leuten geholfen als mit den 5 Zimmern, und wenn ich endlich meine sieben Sachen hätte, ein Mädchen, meine Frau ein klein wenig weicher gebettet, weiss Gott es täte mir nicht leid um die drei Millionen, sie wären an den geringeren Fu<h>rgeldern allein bald eingeholt, auch könnte eine Wohnung die von der Stadt zugesprochen wird, niemals so hohe Miete kosten.

Aber – da steht erst recht das aber, – Baron Pereira schrieb zwar vor kurzem verheissungsvoll von einer „Möglichkeit“ etwas Passendes in der Stadt zu bekommen, leider blieben nähere Details bis heute aus. (Eine erste Kombination werde ich wohl fallen lassen müssen, da es sich um ein baufälliges Haus in Riedenburg[203] handelt, das ich um zehn Millionen herrichten müsste, um

197 Nach Niederalm ins Schloss Lassaregg.

198 Willy, Sohn von Stella aus der ersten Ehe (1911–1950).

199 Paul. Vgl. Anmerkung 26.

200 Verm. Jo(han) Ankersmit aus Amsterdam.

201 Vgl. Fußnote 61.

202 Roman in Fortsetzungen.

203 Stadtteil von Salzburg.

es nach 7 Jahren dem Besitzer abzutreten. Da der Umzug, die Reparatur meiner Möbel und der städtische Wohnbaufonds weitere 5 Millionen kosten würden, streift diese Kombination doch schon das „schieberische“, und so wenig ich auch an Millionen hänge, meine eigene Kraft reicht nicht so weit, und mit den Millionen anderer gehe ich ungerne leicht um, ich weiss wie hoch sie anderweitig geschätzt werden.

Das ist unsere augenblickliche Notlage. W i e unaussprechlich beneide ich, und meine arme Frau erst recht!, jeden der w o h n t! Fast sieht es aus, als sollte uns dieses Glück nie mehr werden. Sonst liesse sich alles so schön ein<re>nken (wenn erst auch Heine[204] das Seine getan hätte) ich bin jetzt fix beim Paese in Rom, dem Het Volk in Amsterdam, dem Peuple in Paris und der Avanguardia in Buenos Aires[205] angestellt, und da <sich> zu diesen sicheren Abnehmern jeder Artikel noch eins zwei oder drei weitere Abnehmer zumeist finden, kann ich mit zwei Artikeln und einer Novelle monatlich unser kleine<s> Schiff – wie man so schön sagt ganz schön durch die Brandung der Teuerung steuern. Vielleicht schenkt mir das Schicksal (oder der bewusste specielle Schutzengel) zu meinem 47ten Geburtstag doch noch eine Wohnung?

Monsignore Obweger[206] war mit der Auskunft die der kleinen Frau aus San Lazaro[207] geschickt wurde nicht einverstanden, und sagte dass er selbst amtlich schreiben und Auskunft verlangen wolle. Bis wir zurückkommen wird er die Antwort hoffentlich schon haben. Und da seine Gnaden der Erzbischof sich selber der kleinen Frau annehmen wollen, wird dann diese Angelegenheit wohl bald geordnet sein.

Und nun die wichtigste Frage: wann wir Sie sehen werden? Ich kokettiere mit folgendem Gedanken: im kleinen Grenzverkehr wird man mir den Eintritt vielleicht doch nicht verweigern?[208] Dann kämen wir gerne nach Berchtesgaden od. Reichenhall oder Königsee, über einen Samstag–Sonntag. Eventuell auch auf den Wendelstein, den wir zusammen von Brannenburg[209] aus besteigen könnten, und oben übernachten.

204 Vgl. Anmerkung 36.

205 Namen von Zeitungen, an die A. Latzko Beiträge lieferte.

206 Dompfarrer in Salzburg.

207 San Lazzaro degli Armeni. Armenisches Kloster in Venedig.

208 Anspielung auf die von der bayrischen Regierung erlassene Grenzsperre, um die bayrischen Gasthäuser und Geschäfte vor allzu vielen Kunden aus Österreich zu verschonen. Vgl. die „Mayrhoferiade“ in Anmerkung 240.

209 Gemeinde im bayrischen Landkreis Rosenheim am Fuß des Wendelsteins (1.838m).

N o c h weit schöner wäre freilich wenn Sie uns die sehr sehr grosse Freude bereiten wollten, einmal für einige Tage zu uns zu Gast zu kommen. Wir nehmen von hier, aus einem schwäbischen Dorf[210] das an das Gut meines Bruders grenzt ein Mädel mit, die kl. Frau wird also nicht mehr ohne Hilfe sein, Zimmer und Betten haben wir in Fülle, ich hoffe Sie wissen welche grosse Freude es für uns wäre, und ich rede mir ein, dass auch Sie sich wohlfühlen müssten.

Überraschen Sie uns zu unseren Geburtstagen[211] die im September liegen mit einem Ja!

Die kleine Frau schickt ihre aller herzlichsten Grüsse
ich selbst bin in alter Verehrung und Liebe Ihr von Herzen ergebener
AnrdrLatzko

(31) PK Bahr an Latzko, Ms. [Allard Pierson, U. v. A., Hs. Er 40:a(9).]
Herrn Andreas Latzko, Niederalm bei Anif
Österr. Hof, Salzburg [fremde Schrift, umadressiert]
8. 11. 22

<Sehr> verehrter lieber Freund!

Kaum heimgekehrt,[212] werd ich hier sogleich wieder von einem Sturzbach „aktueller" Schreibereien verschlungen und fortgewirbelt, daß ich, zu meiner tiefsten Beschämung, jetzt erst den Atem finde, Ihnen und der lieben gnädigen Frau von ganzem Herzen für die wunderschönen Stunden, die mir Ihre Freundschaft geschenkt hat, sowie für die Süßigkeiten zu danken, die mir im Salzburger Zollamt bereitwilligst ausgefolgt wurden und, nicht ohne meine Mitwirkung, indessen schon menschtenteils[!] wieder verschluckt wurden, von meiner Frau, die dafür ihren herzlichen Dank bald einmal mündlich auszusprechen hofft (an Schreibfaulheit ist es eine Wettehe[213]). Von Baronin

210 Im 17. und 18. Jahrhundert wurden in der Habsburgermonarchie vor allem deutschstämmige Untertanen in den seit den Türkenkriegen fast menschenleeren Gebieten Ungarns und Teilen des Balkans angesiedelt („Schwabenzüge"). Die Bezeichnung „Schwaben" wurde für sie üblich (und sie verwendeten diese auch selbst), auch wenn sie aus anderen Gebieten ausgewandert waren.

211 A. Latzko hatte am 1., Stella am 29. September Geburtstag.

212 Von einem Besuch in Salzburg.

213 Beide waren schreibfaul.

Helene[214] höre ich bessere Wohnungsaussichten. Das wäre mir schon eine große Freude, Sie diese Sorge loszuwissen.

Herzlichst in Freundschaft für Sie beide
Hermann B.

(32) B Latzko an Bahr, Ts. [Theatermuseum, Wien, AM 20177Ba.]

Hotel Österreichischer Hof

Sehr verehrter, lieber Herr Bahr,—

das Datum verrät Ihnen wohl schon, warum Sie so lange nichts von uns gehört. Es ging eben wie es uns schon seit drei Jahren immer wieder geht, nach hundert aufflammenden Hoffnungen die alle wie Irrlichter verschwanden, mussten wir eben doch in's Hotel, wollten wir nicht auf der Strasse bleiben.

Die Mieter der Baronin Ergelett[215] haben irgendwie (?) Wind bekommen von der Gefahr, und sind noch ehe man was hätte beginnen könn[en] Hals über Kopf zurückgekehrt, resp. sie haben einen T e i l der Familie zurückgeschickt in die Wohnung, nachdem 7 Monate lang niemand hier gewesen war. Also Durchfall.

Freund Metzl[216] natürlich ist voll der besten Freundesabsichten – abgefahren nach Wien, wahrscheinlich ohne den Salzburger Direktor getroffen zu haben, jedenfalls habe ich weder von diesem, noch von Freund Metzl seither ein Wort gehört. Wenn er das nächstemal durchkommt wird er sich bestimmt

214 Baronin Helene von Thienen-Adlerflycht, geb. Dubsky (1874, Teheran–1956, Salzburg), verheiratet mit Freiherr Waldemar von Thienen-Adlerflycht (1869-1942). Verschiedene Mitglieder dieser Dynastie aus dem dänischen Hochadel erwarben Palais und Herrenhäuser in Deutschland; in Österreich besaßen sie vorübergehend Schloss Katzenberg am Inn, OÖ., und Schloss Neuhaus in Gnigl bei Salzburg, wo auch Baronin Helene von Thienen-Adlerflycht mit ihrem Mann wohnte.

215 Baronin Marianne v. Erggelet war Besitzerin des Palais Neustein am südöstlichen Rand der Salzburger Altstadt (Arenbergstraße 2). Sie veranstaltete Teesalons, bei denen sich bedeutende Förderer und Künstler der Salzburger Festspiele trafen, darunter Max Reinhardt, Hugo v. Hofmannsthal, Arturo Toscanini und Richard Strauß. A. Latzko hoffte, dort eine Wohnung mieten zu können.

216 Vgl. Anmerkung 32.

über die unerhörte Gemeinheit des Direktor Blasels[217] entsetzen, der ihm doch ganz fest versprochen hatte …

Auch andere Wohnungen flammten auf, man musste geradezu den Eindruck haben, Salzburg wimmle von freien Wohnungen, Sie wissen ja sicher aus eigener Erfahrung wie das zugeht, jeder will sich gerne freundschaftlich gefällig zeigen, diktiert hoffnungsvol[!] eine Adresse – und wenn man atemlos ankommt, wird man erstaunt angestarrt, es handelt sich entweder um einen Todesfall an den man taktlos erinnert weil die Wittwe[!] sich seither schon neu verheiratet hat und die „freigewordene" Wohnung mit dem neuen Ehemann fortbewohnt, oder der Verstorbene ist springlebend und öffnet selbst die Türe, oder es ist überhaupt seit Menschengedenken niemand gestorben, auch keine Wohnung in dem Hause oder irgend einem anderen Hause der ganzen Strasse eine Wohnung frei geworden, man erscheint überall als Ripp Wan Winkle,[218] und die freundlichen Informatoren, die sich so freundschaftlich „bemüht" hatten einen anzutelephonieren sind höchst erstaunt selbst falsch informiert worden zu sein, zuweilen härre [=hätte] ich sie schon gerne dazu verurteilt meine Wege nachzugehen, aber von Niederalm[219] aus!

Kurzum: wir haben zwei Millionen für das „Übersiedeln" der Bücher, Kücheneinrichtung, etc. ins Lagerhaus zu den anderen Ruinen aus<ge>geben, und sind jetzt im Österreichischen Hof das muss ich schon sagen sehr sehr nett und gemütlich untergebracht, und brauchen, da die kleinen Mahlzeiten auf dem elektrischen Kocher, und das Nachtmahl (kalter Braten) einmal wöchentlich von der kleinen Frau bei Bekannten gebraten wird, nicht um einen Heller mehr, als der Schnöll[220] Pension verlangt hätte, und haben es für das

217 Paul Blasel (1855–1940), Neffe des Wiener Komikers Karl Blasel, Operettensänger, Schauspieler und Theaterleiter. Ab 1899 Leiter des Salzburger Stadttheaters; in dieser Funktion mit zweimaliger Unterbrechung bis 1932 tätig. – Vgl. Gisela Prossnitz: Eine Salzburger Theatergeschichte. In: Lutz Hochstraate (Hg.): 100 Jahre Haus am Makartplatz. Salzburger Landestheater. Salzburg, Alfred Winter 1993, S. 75–119.

218 Rip Van Winkle: Erzählung des US-amerikanischen Schriftstellers Washington Irving (1783–1859) vom Bauern Rip Van Winkle, der zur englischen Kolonialzeit in einem Dorf niederländischer Siedler in der Nähe von New York verzaubert und erst nach 20 Jahren wieder wach wird und feststellen muss, dass er den Unabhängigkeitskampf verschlafen hat und nun Bürger der Vereinigten Staaten und kein Untertan der englischen Krone mehr ist.
Dieser Vergleich weist möglicherweise auch auf A. Latzkos Interesse für die amerikanische Revolution hin, mit der er sich später im Roman „Lafayette" befasst hat (erschienen 1935).

219 Etwa 11 km von Salzburg entfernt. A. Latzko wohnte bis November 1922 in Niederalm.

220 Besitzer des Gasthofs Steinlechner.

gleich[e] Geld unvergleichlich schöner als beim Steinlechner.[221] Eine Lösung ist das freilich doch nicht, weil ja wie man sich auch dreht und wendet und sich schmal macht, natürlich doch ein Budget herauskommt, das weder mit Literatur noch mit Journalistik auf die Dauer vereinbar ist. Wie wir aber aus dieser Sackgasse heraus<kommen> werden ist vorläufig völlig schleierhaft, denn es wimmelt wohl noch nach wie vor von leeren Wohnungen, aber da ich vom Österreichischen Hof aus in der Lage bin die Verfolgung sofort aufzunehmen, so verdunsten sie noch schneller. Dass die literarischen Einnahmen sich auf die Dauer auf die Höhe schrauben liessen die den Ansprüchen des Herrn Iresberger[222] genügen könnten, glaube ich nicht, dass Herr Iresberger seine Ansprüche der Literatur anpassen würde noch weniger. Was also? Keine Ahnung. Ich werde mich gegen Ungarn bis zum allerletzten kleinen schweizerischen sozialisten Blatt [!] das 5 Franken für einen „Originalbeitrag für den Horgener Vorwärts“[223] bezahlt verteidigen, leider bleibt der Horgener Vorwärts die 5 Franken mit Vorliebe schuldig, und damit ist Iresberger nicht zu befriedigen.

Sonst geht es uns aber sehr gut, vor allem ist die Ehe der kl. Frau in erster Instanz für n i c h t i g erklärt worden! Dagegen gibt es freilich Apellation, aber immerhin ist es ein Resultat, das erste nach drei Jahren, und ich hoffe<,> dass <sie> mit diesem Resultat in der Hand und den weitestgehenden Konzessionen der kl. Frau<,> die auf alles<,> worauf sie nur irgend Anspruch erheben könnte<,> verzichtet mit der einzigen Ausnahme ihres Buben,[224] der ja auf Grund der Nichtigkeit (wenn die nicht wieder nichtig erklärt wird?) ohnehin ihr allein gehört, vielleicht von der Gegenpartei den einzigen Verzicht auf die Berufung wird erkämpfen können. Heine[225] will sich in diesem Sinne bemühen und zum Gegner[226] nach Dresden reisen wie er schrieb, – kurz es geschieht doch wenigstens etwas, und da drei Jahre lang nichts geschah und wir nichts erreichten<,> ist es doch nicht unplausibel<, dass,> da nun was geschieht, auch was erreicht werden wird. Wir hätten es uns weiss Gott verdient!

221 Traditionsgasthof in Salzburg-Parsch.

222 Franz Irresberger (1862–1929), Besitzer des Hotels „Österreichischer Hof“ im Zentrum von Salzburg.

223 Horgen ist eine Gemeinde im Kanton Zürich.

224 Willy (1911–1950).

225 Vgl. Fußnote 36.

226 Herr Homann, der erste Ehemann Stellas oder dessen Anwalt.

Dass ich Ihnen all dies erst heute schreibe, und überhaupt so lange nichts hören liess, trotz Ihrer so lieben Postkarte sofort nach der Ankunft in München, ist die üble Folge eines üblen Malariacyklus[227] der mich fast schon aus der Geduld brachte. Aber die Wissenschaft hat ja Gott Lob heraus, dass Aufregungen und körperliche Anstrengungen, in einem Wort also: Übersiedlungen, oder noch treffender: Wohnungssuche, das Fieber provocieren, ao [=also] ist es klar, dass mir ein Dauerbesuch nicht erspart bleiben konnte. Die weitere <F>olge war aber ein zurückbleiben mit fälligen Artikeln, die nachgeholt werden mussten, kurz, Sie sehen sicher welch herrliche Zeit ich hinter mir habe.

Dass Sie unter das inliegende Dokument[228] gerne, aber ohne allzu grosses Vertrauen in seine Wirkung Ihre Unterschrift setzen werden, bin ich gewiss. Aber „es" wurde mir an's Herz gelegt dieses Schreiben unbedingt zu provocieren und einzureichen, und ich will nicht selbst meinem Glücke im Wege stehen.

Ich lese dass Sie Ihr vierzigjähriges Bühnenjubileum[!][229] feiern, und da will ich nicht verschweigen, dass es im Januar 25 Jahre werden, dass mein erstes Stück im Ungarischen Theater zu Budapest das „Rampenlicht erblickte".[230] Zwei Jahre später machte ich das erste Interview meines Lebens mit Ihnen im Korridor des Nationaltheaters, während des zweiten Aktes des „Star".[231] Ich frug Sie damals um Ihre Ansicht über die junge ungarische Literatur, über Madachs[232] Tragödie des Menschen, und ich ahnungsvoller Engel wurde das Gefühl nicht los, dass Sie irgendwie nicht sehr von Respekt erfüllt schienen. Und das hat mein patriotisches Herze, ich muss schon gestehen sehr gekränkt.

E<s> scheinen doch auch 25 Jahre schon ein ganzes Ende zu sein, aber ich muss ehrlich sagen, ich glaube ich wäre sehr gerne nocheinmal so wunder-

227 Starke Fieberanfälle.

228 Unklar. Möglicherweise ein Antrag zur kirchlichen Trauung.

229 H. Bahrs erstes Stück „Die Wunderkur" wurde am 6. 2. 1883 im „Landwirtschaftlichen Theater" in Linz aufgeführt. H. Bahr hat auf dieses Jubiläum in der Autobiographie *Selbstbildnis* angespielt, die als Vorabdruck im *Neuen Reich* erschienen ist.

230 Der Einakter „Tíz év" („Zehn Jahre"), 1898 im Ungarischen Theater in Budapest.

231 „Der Star" ist ein Lustspiel in drei Akten von H. Bahr aus dem Jahr 1898. Premiere am Ungarischen Nationaltheater am 28. 11. 1900. Darin wird gezeigt, wie eine Beziehung zwischen einer Primadonna der Wiener Oper und einem kleinen Postbeamten unglücklich endet, weil keiner die Welt des anderen akzeptieren kann. H. Bahr zeigt damit, dass die Theaterwelt mit dem normalen Leben nicht vereinbar ist. – Vgl. Daviau (1984), 202–203. Eine umfangreiche Besprechung von Max Rothauser erschien im „Pester Lloyd" am 29. 11. 1900, S. 2.

232 Imre Madách (1823–1864), ungarischer Dramatiker. Sein Hauptwerk „Die Tragödie des Menschen" erschien 1861.

schön dumm und unwissend wie damals („Theatermensch“ durch und durch, der „Publikum“ so aussprach wie ein Professor der Naturgeschichte etwa Nagetiere sagt) und würde mich redlich anstrengen es auch zu bleiben.

Eine Gratulation erwarten Sie doch von mir sicher nicht, denn ich habe Sie wirklich von ganzem Herzen lieb, und sehe daher keine Ursache mich darüber zu freuen dass Sie heute vierzig Jahre älter sind als vor vierzig Jahren. (Trotzdem Sie damals gar nicht so respektvoll über Jokai,[233] Madach etc. dachten. Ich bin nicht nachträgerischer Natur.) Wenn ich mir aber anlässlich Ihres vierzigjährigen Bühnenjubileums[!] etwas zu meinem 25jährigen wünschen darf, dann wünsche ich dass Sie recht bald wieder nach Salzburg kommen, und verpflichte mich für diesen Fall zu einem Gang auf den Gaisberg täglich[234] einmal, so viele Tage lang als Sie bleiben.

Denn – ich kann mir nicht helfen, und es ist wirklich nicht Rachsucht dass ich Ihnen das sage, es geht mir mit „Ihren“ Salzburger österreichischen Kollegen, wie es Ihnen mit meinen grossen ungarischen gegangen ist. Sie haben alle ihre neuen Bücher erscheinen, und im Volksblatt[235] als Salzburger Ernte besprechen lassen. Meine Frau liest nebenan gerade Zweigs „Amok“,[236] und mich erwürgt der Anblick von Ginskeys[237] Frau, so knochig, so abgerackert, so totenmüde[!], so krampfhaft anwesend bei jedem Kammermusikabend, mit blutiggesprungenen Händen an ihrer Intellektualität hängend, – und der Ginskey ist doch so ein durch und durch in eisgekühlt anständiger Mensch, und zirkelt so feine Seelen, und sitzt neben seiner Frau – und brüllt nicht<.> Wäre das nun ein Plagiat, wenn ich für ihn brüllen würde? Bei dem grossen Bedarf an Novellenstoffen für die Weihnachtsbeilagen, richtiger gesagt für die Wochenrechnungen des Herrn Iresberger werde ich mir dieses Plagiat vermutlich zu Schulden kommen lassen. Und ich denke dabei über die Vorsehung nach! Dass Ginskey keine Rente hat ist ja sehr sehr schade, und tut mir, glauben Sie mir ehrlich leid, aber – denken Sie sich – O. A. H. Schmitz[238] ohne

233 Mór Jokai (1825–1904), ungarischer Schriftsteller und Journalist.

234 Hausberg von Salzburg, 1300m hoch. Hier hat A. Latzko wohl etwas zu viel versprochen.

235 „Salzburger Volksblatt“, Tageszeitung mit deutschnationaler-liberaler Linie.

236 Stefan Zweig: Amok. Novelle einer Leidenschaft. 1922.

237 Franz Karl Ginzkey (1871–1963), österreichischer Schriftsteller. Lebte ab 1921 in Salzburg. Bekanntestes Buch: *Hatschi Bratschis Luftballon*, 1904.

238 Oskar A. H. Schmitz (1873–1931), deutscher Gesellschaftskritiker und Mitglied der Münchner Bohème. Unternahm Reisen mit seinem Schwager, dem Zeichner und Graphiker Alfred Kubin.

Rente und mit Ehefrau! … Bei dieser blossen Vorstellung ist alle Tragik von Frau Ginskey sofort abgeblättert, sie ist ein Glück<s>pilz!

Aber hoch über Schmitz, Zweig, Rainalter,[239] und alle – steht unser heissgeliebter Th. Mayerhofer. Ich kann es mir nicht versagen, Ihnen den Leitartikel Meyerhofers über die Einstellung des kleinen Grenzverkehrs nach Bayern,[240] zu den Brüdern, einzuschicken. Ich habe die Nummer extra für Sie aufgehoben, zehn Tage lang, und es tut mir nur weh, dass ich nicht neben Ihnen sitzen kann, während Sie den Artikel lesen!

Sie sind mir unter Brüdern einen Spaziergang auf den Gaisberg für diesen Genuss schuldig, und ich hoffe sehr, dass Sie die Schuld nicht lange stehen lassen. Womit soll ich es denn vor mir selbst rechtfertigen dass ich gerade in Salzburg sitze, wenn Sie nicht ab und zu herüber kommen. Ich habe Ihnen so ausführlich über Salzburg berichtet, damit Sie Heimweh kriegen, und wenn es mir nicht gelungen ist, Meyerhofers Artikel werden Sie hoffentlich nicht widerstehen.

‚Wir empfehlen uns der Frau Professor, die kleine Frau grüsst Sie mit der ganzen Expansivität und das will was sagen, in liebevoller Verehrung

Ihr getreuer AndrLatzko

239 Erwin H. Rainalter (1892–1960), österreichischer Journalist und Schriftsteller, schrieb 1918–1923 Beiträge für das Feuilleton des *Salzburger Volksblattes*.

240 Thomas Mayrhofer (1882–1947) wurde in Alt Arad (heute Rumänien) geboren, maturierte 1901 in St. Pölten und wurde nach einem abgebrochenen Jusstudium und Tätigkeiten im Bankwesen 1908 Redaktionsmitglied des *Salzburger Volksblattes*, 1916 als Nachfolger von Rudolf Freisauff von Neudegg Chefredakteur bis zu seiner Pensionierung 1934. Er starb 1947 an den Folgen eines Schlaganfalles. – In seinen Leitartikeln vertrat er eine deutschnationalliberale Linie und trat nach dem Ersten Weltkrieg für den Anschluss Österreichs an Deutschland ein. 1924 übersiedelte die Redaktion vom Waagplatz in der Altstadt in das neue Kieselgebäude in der Nähe des Bahnhofs.
In der Nummer vom 13. November 1922 beschäftigte sich Mayrhofer in einem Leitartikel mit einem Erlass der bayrischen Regierung, der den Grenzverkehr zu Österreich unterbinden sollte mit der Begründung, dass die Österreicher „alles wegkaufen und in den Wirtshäusern schlemmen". In den Augen Mayrhofers war diese Maßnahme ein Ausdruck des „blau-weiße<n> sacro egoismo" (so der Titel des Artikels), widersprach allen Bemühungen um eine gute Nachbarschaft, beschädigte den deutschen Einheitsgedanken und war Wasser auf die Mühlen der Anschlussgegner.
A. Latzko als Gegner jedes Nationalismus konnte diese Klage nur mit einem hämisch-spöttischen Amüsement registrieren und hätte H. Bahr bei der Lektüre dieses Artikels deswegen gerne zugeschaut, weil er bei ihm zu Recht eine ähnliche Reaktion vermutete.

(33) B Bahr an Latzko, Ms. [Allard Pierson, U. v. A., Hs. Er 40:a(10).]

23. 11. 22

Lieber verehrter Freund!

In aller Eile, damit der Brief morgen <fr>üh gleich abgeht, will ich Ihnen nur mit ein paar Worten, in irgend einer dummen Schreiberei, die noch heute fertig werden soll (denn auch ich bin jetzt zur Tagesvielschreiberei genötigt,[241] leider nicht in ausländischen Blättern, oder wenn es auch nur Blättchen wären!), dankend für Ihren lieben Brief mit der herrlichen Mayrhoferiade (dabei stammt die Verordnung, die ihn so erbost, gerade ganz aus eben der Schrift, für die er sonst so schwärmt: das ist der Hauptspaß!) herzlich danken, in großer Freude über die Berliner Nachrichten,[242] die mich hoffen lassen, daß ich ja jetzt hoffentlich bald einen stichhältigen Grund und Anlaß zu einem Salzburger Besuch, Hochzeitsbesuch, haben werde! – Leugnen kann <ich> nicht, daß ich 1863 geboren, 1883 von der Wiener Universität relegiert, 1883 zum ersten Mal aufgeführt und 1893 Theaterkritiker der Deutschen Zeitung in Wien wurde und also nächstes Jahr als Mensch, Student, Theatermann und Journalist vierfach zu jubilieren hätte, wenn das nicht heuer schon vom Genossen Gerhart[243] gleich für die ganze Generation so ausgiebig besorgt worden wäre, daß uns übrigen zu jubilieren nichts mehr übrig bleibt, Gott sei Dank: denn ich habe überhaupt nicht viele Talente, aber dazu gar keins!

Grüßen Sie bitte die verehrte liebe gnädige Frau von uns beiden schönstens, auch Baronin Thienen,[244] wenn Sie sie sehen, und bleiben Sie so tapfer, wie Sie nun einmal sind, darin wirklich ein echter Ungar!

Herzlichst Ihr alter H.

Das Gesuch liegt unterschrieben bei.

241 So wie A. Latzko, der darüber immer wieder klagt.

242 Von dem mit H. Bahr befreundeten Rechtsanwalt Wolfgang Heine.

243 Verm. Gerhart Hauptmann, zu dem H. Bahr ein in künstlerischen Fragen spannungsvolles Verhältnis hatte.

244 Vgl. Anmerkung 214.

(34) B Latzko an Bahr, Ts. [Theatermuseum, Wien, AM 20179Ba.]

31/XII. 22

Salzburg, Österr. Hof

Sehr verehrter lieber Herr Bahr,—

das Jahr wäre also überstanden, und das neue bringt uns wenigstens die lang erwartete Möglichkeit auch amtlich bestätigen zu lassen, was wir aus innerem Muss gefügt. Seit dem 12-ten Dezember ist die Ehe der kleinen Frau[245] rechtskräftig gelöst, seit drei Tagen ist das Urteil in unseren Händen, und wir sind jetzt viel unterwegs, um die unvermeidlichen Formalitäten möglichst bald überstanden zu haben.

Ein Besuch beim Fürsterzbischof[246] war uns beiden eine wahre reine Freude, die kleine Frau kam so befriedigt von ihm, als hätte sie die heil. Kommunion genommen, nach ihren eigenen Worten, und auch ich genoss die ganz ungewöhnte[!] Sensation, mich irgendwie klein Kind zu fühlen gegenüber s<e>iner gütigen Ruhe.[247] Dass er uns trauen wird, glaube ich nicht. Er selbst liess nichts darüber verlauten, und ihn darum bitten wäre unbescheiden, auch unverantwortlich, warum ihn bemühen? Wahrscheinlich werden wir vom Pfarrer von St. Andrä[248] getraut werden, da unser derzeitiger Wohnort, der Österr. Hof zu seiner Pfarrei gehört, heute hat er schon unsere Verbindung zum erstenmal von der Kanzel herunter verkündigt.

Unsere Papiere müssen nun nach Budapest, damit meine „Ehefähigkeit“ von dem ungarischen Justizminister (der hierüber ja am besten unterrichtet ist) bestätigt zu werden[!], dann müssen sie mit der Enthebung vom dortigen Aufgebot zurückkommen, was aber nicht viel Zeit in Anspruch nehmen wird,

245 Mit Herrn Homann.

246 Ignatius Rieder. Vgl. Anmerkung 138.

247 Baron Adolf Pereira berichtete H. Bahr von dieser Begegnung nach München: „Latzkos haben so nett vom Bischof erzählt, u. er gab ihnen seinen Segen u. es hat der kleinen Frau ‚so wol[!] getan u. ich fände es direkt sträflich u. unklug von der Kirche in diesem Fall keine Ausnahme zu machen u. nicht auch nachträglich die kirchl. Trauung zu ermöglichen. […] Was Sie tun können, um ihm zur kirchlichen Trauung zu verhelfen, bitte tun Sie es.“ […] Hinsichtlich Latzkos hatte Pereira jedoch gewisse Bedenken: „Es ist nicht boshaft, sondern nur weil ich für das, was ich sagen will nur dieses boshaft scheinende Wort zur Hand habe, Snobismus in ganz lauterer Haltung wird befriedigt – bei ihm, wenn er von der ehrwürdigen alten Kirche getraut wird. […] – er ist ja – auf seiner Linie in einer Klärung begriffen […].“ Brief Baron Adolf Pereira an H. Bahr vom [2]9. 1. 1923. [Theatermuseum Wien: A 21866 BaM]

248 Röm.-kath. Pfarre in Zentrum von Salzburg.

da ich in Budapest Verbindungen habe, die alles „aussertourlich" erledigen lassen werden.

Wir können also zwischen 15 und 20ten[249] schon heiraten, und machen das Datum ausschliesslich davon abhängig, wann es Ihnen am besten passt, resp. wann es Ihnen am wenigsten lästig ist unseretwegen Ihre Arbeit unterbrechen zu müssen. Wenn Ihnen das Wochenende am besten zusagt, dann könnten wir die Trauung auf Samstag oder Sonntag (20 oder 21ten Januar) setzen? Bitte, sagen Sie und auf einer Postkarte ganz aufrichtig Ihren Wunsch!

Dass wir rücksichtslos und unbescheiden genug sind auf das Opfer des Deplacements[250] nicht zu verzichten, dürfen Sie uns nicht verargen. Die kleine Frau hat einen grossen Fond kindlicher Einfachheit in ihrer Seele, sie würde sich an diesem Tage sicher sehr vereinsamt und ausgestossen vorkommen, so weit von ihrer Heimat, ohne einen einzigen Angehörigen an der Seite, und es ist ganz bestimmt weder Redensart noch Höflichkeit wenn ich Ihnen sage, dass Sie, nur allein Sie durch Ihre Nähe ihr die Illusion einer gewissen Geborgenheit schenken können. Sie hat eben ein i m m e r latentes, brennendes Heimweh nach Menschlichkeit, das viel vergebens irre geht, und aufblüht wenn es einmal Befriedigung findet. Kommen Sie also, und bringen Sie zur Feierlichkeit die Freude!

Über alles andere hoffe ich Ihnen bald mündlich berichten zu können, es gibt wie immer viel zu erzählen, wenig Gutes, wie Sie sich denken können, aber es könnte alles so viel schlechter gehen, dass man wohl zufrieden sein muss.

Möge Ihnen dieses festliche 60te Jahr nicht zu schwer gemacht werden mit Zudringlichkeiten, ich hoffe Sie wissen es ohne viel Worte, dass niemand Ihnen aus wärmerer, ehrlicherer Anhänglichkeit und Verehrung ein frohes Jahr wünschen kann, als wir beide. Wollen Sie uns Frau Professor empfehlen, und auch ihr unsere Wünsche übermitteln (der Jenny[251] sagen Sie die vier kabalistischen[!] Buchstaben B. u. é. k.[252] Sie wird Sie verstehen).

Wir freuen uns jeden Tag auf das Wiedersehen
in alter Verehrung und Dankbarkeit Ihre Latzko's

Wir dürfen Ihnen doch im Hause ein Zimmer reservieren lassen, damit wir Sie in der Nähe haben?

249 Jänner 1923.

250 Verschiebung, hier: Ortsveränderung (frz.).

251 Vgl. Anmerkung 77.

252 Ungarischer Neujahrswunsch: Boldog új évet kivánok! (Wünsche ein glückliches neues Jahr!)

(35) PK Bahr an Latzko, Ms. [Allard Pierson, U. v. A., Hs. Er 40:a(11).]
Karte aus München v. 3. 1. {1923}

Herrn Andreas Latzko, Salzburg, Hotel Österreichischer Hof

Herrlich ist das! Wolfgang Heine,[253] der neulich durchreisend ein paar Stunden hier war, hat mich schon darauf vorbereitet. Ich kann Ihnen gar nicht sagen, wie herzlich ich mich freue.

Sehr einverstanden mit Sonntag 20.[254] Ich komme dann Freitag mit dem Bummelzug, der gegen fünf eintrifft.

Mit herzlichen Glückwünschen und frohen Neujahrsgrüßen von uns allen an Sie beide eiligst der gnädigen Frau die Hand küssend

Ihr getreuer Hermann

Wohnen muß ich aber wohl bei Frau Buschbeck,[255] die sonst tiefer gekränkt wäre.

Jenny erwidert mit herzlichem Dank, B. u. é. k.[256]

(36) PK Bahr an Latzko, Ms. [Allard Pierson, U. v. A., Hs. Er 40:a(12).]
Absender: Hermann Bahr, Barerstr. 50
Herrn Schriftsteller Andreas Latzko, Salzburg, Hotel Österreichischer Hof
11. 1. 23

[Li]eber Freund!

Ich hab mirs nun so gerichtet, daß ich doch im Österreichischen Hof wohnen kann, bitte bestellen Sie mir irgend ein ganz kleines Zimmer hoch oben zu

253 Vgl. Anmerkung 36.

254 Jänner 1923.

255 Helene Buschbeck, geb. Götz, lebte in Salzburg in der Ernest-Thun-Straße 9. Sie war die Mutter von Erhard Buschbeck (1889–1960), der 1909 Trauzeuge bei der Eheschließung H. Bahrs mit Anna Mildenburg in Salzburg-Aigen war. H. Bahr hat ihm im September 1918 eine Anstellung als Dramaturg am Wiener Burgtheater verschafft, als er selbst Mitglied des Dreierkollegiums war, das 1918/1919 für mehrere Monate die Leitung des Burgtheaters übernahm. Erhard Buschbeck blieb bis zu seinem Lebensende in verschiedenen Funktionen am Burgtheater tätig.

256 Vgl. Anmerkung 252.

einem pour un pauvre bonhomme d'intillectuel[!][257] noch erschwinglichen Preise. Und bitte: Wenn das Fest aus irgend einem Grund verschoben würde, telegrafen[!][258] Sie mir rechtzeitig ab. Ich will Freitag Nachmittag kommen.

Mit Handkuß an die gnädige Frau u. herzlichsten Grüßen
Ihr alter H.

Und bitte lassen Sie vielleicht Donnerstag den Herrn Vorstand Kerschbaumer[259] auf dem bairischen Bahnhof[260] von Salzburg verständigen (telephonisch), daß ich Freitag 19. mit dem in München Mittag abgehenden Personenzug, also gegen 5 Uhr oder ½ 6 in Salzburg eintreffen will.

(37) PK Latzko an Bahr, Ms. [Theatermuseum, Wien, 20951Ba.]
Ansichtskarte aus Salzburg v. 11. 1. 23 [Ps] mit Zeichnung von der Festung Hohensalzburg und Nonnberg. Maler: Ulf Seidl, 1881–1960. Verkleinerte Wiedergabe aus dem Mappenwerk: Alt-Salzburger Bilder von Ulf Seidl.

Herrn Hermann Bahr, München, Barerstrasse 50/I

Rückseite:

Sehr verehrter lieber Herr Bahr,—

Die Herren Ungarn können sich nicht beherrschen vor Neugierde, die genaue Nationale[261] der Eltern der kl. Frau zu erfahren. Da bezgl. Dokumente nichts vorhanden, ist ein weiterer Dispens[262] nötig, u. der bezgl. Depeschenwechsel[263]

257 Für einen armen gutmütigen Intellektuellen (frz.).

258 = telegraphieren.

259 Nicht ermittelt.

260 Ein separierter Teil des Salzburger Hauptbahnhofes wurde von der bayrischen/deutschen Bahn betrieben; dieser hatte eine eigene Fahrdienstleitung und war durch eine Zollstation abgetrennt. Für die bayrischen Beamten gab es in der Nähe auch eigene Wohnungen.

261 Personalangaben.

262 Ausnahmebewilligung.

263 Eilnachricht; meist ein Telegramm.

u. Formalitäten verursachten eine Verzögerung, die nicht bis 20-ten behoben sein kann. Wenn Sie nicht anders berichten, nehmen wir an, dass der 27te

Vorderseite:

Ihnen ebenso passt. Bis dahin hoffe ich bestimmt mit allem in Ordnung zu sein. Verzeihen Sie dieses unbescheidene Verfügen über Ihre Zeit – wir wollen es bestimmt nicht wieder tun. Viele herzliche Grüsse von uns beiden

Ihre dankbar ergebenen Latzko's.

(38) PK Bahr an Latzko, Ms. [Allard Pierson, U. v. A., Hs. Er 40:a(13).]
Herrn Andreas Latzko, Salzburg, Hotel Österreichischer Hof
11. 1. 23

Lieber Freund!

Besten Dank. Ich komm also nicht am 19., sondern am 26. d. Nachmittag in S[alzburg]. an und Sie lassen mir ein Poetenloch[264] im Österreichischen Hof reservieren.

Mit Handkuß an die gnädige Frau
Herzlichst Hermann Bahr

(39) B Latzko an Bahr, Ts. [Theatermuseum, Wien, AM 20180Ba.]
Salzburg, 21. 1. 23.

Sehr verehrter lieber Herr Bahr,—

böse Nachricht! Es wäre doch auch zu schön gewesen, wenn wir nach nur zweijährigem Warten schon zur Ruhe gekommen wären.

Samstag früh liess uns der Pfarrer von St. Andrä[265] telephonisch holen, um uns die traurige Kunde zu eröffnen, dass der Fürsterzbischof nach gründlichem Studium unsrer Papiere zur Überzeugung gelangt sei, dass es nicht in

264 Kleines, günstiges Zimmer.

265 Röm.-kath. Pfarre im Zentrum von Salzburg.

seiner Macht stehe, der kl. Frau die Erlaubnis zur kirchlichen Trauung zu erteilen, auf Grund der weltlichen Ungültigkeitserklärung ihrer ersten Ehe. Monsignore Obweger[266] sowohl als <auch> der Pfarrer von St. Andrä hatten beide vorher gemeint, dieser Dispens[267] sei eine blosse Formalität, da ja der betreff. protestantische Pfarrer in Odessa[268] gar nicht berechtigt gewesen wäre die Trauung vorzunehmen, wie aus dem Urteil des Stettiner Gerichtes ersichtlich.

Wir durften also mit gutem Grunde alles für geordnet halten, und Sie alarmieren.

Was diese unerwartet<e> Wendung betrifft, so muss ich ja sagen, dass mein Laienverstand sich natürlich auflehnt gegen diese unverdiente Komplikation. Denn Herr Homann kann sich ruhig trauen lassen, und es scheint mir päpstlicher als der Papst <zu> sein, dass die kath. Kirche sich enger mit dem Vorgehen der protest. identifiziert als diese selbst. Aber – man hat es dem Fürsterzbischof angesehen, dass es ihm selbst redlich leid tut, unsre Bitte nicht erfüllen zu können. Wie er selbst uns erklärte, ist das Unglück dass die kl. Frau zur Zeit ihrer ersten Verehelichung n i c h t katholisch gewesen ist. Wäre sie es gewesen, ihre Ehe wäre für die kath. Kirche ungültig. Da sie aber „Schismatikerin",[269] der erste Mann Protestant war, ist für die kath. Kirche j e d e zwischen zwei Nichtkatholiken durch einen protest. Pastor eingesegnete Ehe, rechtsgültig, ohne Rücksicht auf die Stellung des Staates zu dieser Ehe.

Der Fürsterzbischof war unendlich gütig, da er also unsre Ehe nicht einsegnen darf, segnete er beim Abschied die kl. Frau, die „Schismatikerin" wie er sie dabei scherzhaft drohend nannte. Wir waren beide sehr gerührt von so viel taktvoller Güte. Aber – dass ich nebenbei auch in mich hineinwütete, kann man mir wohl nicht verdenken. Nun trägt die arme kl. Frau seit drei Jahren schon diese verkehrte Situation mit allen ihren Unannehmlichkeiten (denn wie ich immer zu sagen pflege: man ist ständig im Munde seiner Mitmenschen, wenn man irgendwie „ausserordentlich" ist, und einen ungesünderen Aufenthaltsor<t> mit schlechterer Atmosphäre kann ich mir nicht vorstellen) und nun wir schon endgültig am Ziele zu sein hofften, noch einmal diese Verzögerung.

Wie der Fürsterzbischof uns verstehen liess, gibt es laut der von ihm eingeholten Ansicht des Salzburger Ehegerichtes nur den einen Weg über Rom, und

266 Dompfarrer in Salzburg.

267 Ausnahmegenehmigung.

268 Dort fand offenbar die erste Eheschließung von Stella Otaroff mit Herrn Homann statt.

269 Anhängerin einer von der (katholischen) Lehre abweichenden Richtung (Orthodoxie).

der ist nicht nur sehr umständlich und langwierig, sondern in diesem Falle auch noch sehr problematisch.

Kurz: ich muss ganz von neuem anfangen, und nun bei dem Standesamt die nötigen Schritte unternehmen, um wenigstens civil[270] getraut zu werden, damit meine Frau wenigstens den Pass auf den Namen Latzko hat, und die sonstigen notwendigen „Rechte“. Dass wir bis Samstag diesen ganzen neuen Instanzenweg zurücklegen könnten, ist ausgeschlossen. Am 27ten werden wir also bestimmt noch nicht heiraten können.

Nun die g r o s s e F r a g e ! Es war ja ohnehin schon sehr unbescheiden von mir, Ihnen diese Reise zu zu muten. Dass wir nicht weniger glücklich wären, wenn Sie nun beim Standesamt der kl. Frau Zeuge sein wollten, brauche ich wohl nicht zu sagen. Im Gegenteil! Da auf diesem Wege die Feierlichkeit ohnehin auf eine „Amtshandlung“ sich reduciert, wäre Ihr Dabeisein die eigentliche Feierlichkeit, und neben der rein praktischen Ceremonie das einzige Gefühlsmoment.

Sie wissen, das ist keine façon de parler,[271] ferne von Heimat und allen Angehörigen, nur einen Beamten und ein „Hauptbuch“ als Anlass, wäre Ihre Zeugenschaft uns doppelt wert, irgendwie Ergänzung zu dem innerlich feierlichen Vorsatz, an den ich mich, wenn es auch nicht nötig, tiefer gebunden fühlte, wenn er vor Ihnen gefasst, und der kl. Frau haben Sie vielleicht ohne es zu wissen, in Ihrer Freundschaft eine Zuflucht eröffnet, nach der sie zuweilen regelrecht Heimweh hat.

Dennoch würden wir es beide nur zu gut begreifen, wenn Sie die Mühe des Reisens zu groß fänden für die Aufstellung dieses „Geschäftskontraktes“. Sagen Sie uns bitte ganz offen, ohne jede geringste gêne,[272] ob Sie unter diesen Umständen lieber nicht kommen wollen? Wir werden es bedauern, das wissen Sie, aber noch weit schlimmer wäre es, wenn Sie mit dem Gefühle kämen, dass wir unbescheiden gewesen sind. Sie zwei Tage lang wieder hier zu haben, wäre ja an sich schon eine so grosse Freude, so wie die Angelegenheit nun steht, das eigentliche Fest. Aber ich wiederhole, wenn es Ihnen gerade jetzt (vermutlich 3-ten Februar) nicht passen würde, dann würden wir uns halt nur bedingen, dass Sie nicht auch so hart wie das kirchliche Gesetz uns dafür bestrafen, dass die kl. Frau vor 13 Jahren nicht Katholikin gewesen ist, und den[!] Geschenk

270 In Österreich gab es seit 1868 die sog. „Notzivilehe“, wenn kein staatliches, aber ein kirchliches Ehehindernis bestand.

271 Bloße Redensart (frz.).

272 Hemmung (frz.).

Ihres Besuches ein andermal machen, nicht aber überhaupt entziehen, als unverdiente Verschärfung. Das müsste aber nicht unbedingt mit unsrer Civilehe zusammenfallen. Dass selbst vor dem Standes-Buchhalter Sie mir ein lieberer Zeuge und uns beiden lebenslänglich eine weit angenehmere Erinnerung an diesen Tag sein würden, als etwa Erwerbs-Zweig[273] oder wen ich sonst unter den Salzburger Honoratioren um diesen Dienst bitten müsste, ist selbst anzumerken schon eine Unhöflichkeit. Aber wir verstehen, dass wir Pech gehabt haben, und falls er uns trifft, diesen Verlust nicht Ihnen, sondern eben unserem komplizierten Vorleben zur Last schreiben müssen.

Lassen Sie uns also bitte wissen, was Sie beschliessen.

Sonst gibt es nichts zu berichten, – so viel viel [!] es zu erzählen, besprechen und – zu klagen auch gäbe (letzteres weniger persönlich, als punkto Lauf der Welt.) Aber das ist alles nicht für Briefe geeignet. Dass man in Salzburg den „Geizigen“ von Moliere absetzen musste, weil sonst Patrioten[274] des Theater gestürmt hätten, werden Sie vielleicht schon gelesen haben. Dass es dennoch immer Ärzte gibt, die unentwegt fortimpfen, trotzdem der schurkische Franzose Pasteur diese Prozedur erfand, dass Mathematiker und Astronomen sich nicht entblöden Resultate zu benützen, die französische Physiker entdeckten, wundert mich von neuem, wie ich schon während der „Gott strafe England“[275]-Periode nie begriff, dass die deutsche Artillerie weiter feuert, ohne für die Flugbahnen ihrer Geschosse eine Ballistik gefunden zu haben, die das Gravitationsgesetz Newtons nicht ausser Gebrauch gesetzt hat. Aber es entgehen durch diese unpatriotischen Taten keinem teutschen „Dichter“ Tantiemen, die nach dem „Geizigen“ wahrscheinlich Molieres Erben beziehen.

Kurz – ich weiss ja dass Sie auch in München, weiss Gott, der Gelegenheit nicht ermangeln sich zu ärgern, aber in München gibt es immerhin auch eine Pinakothek (aus welcher, ich hoffe, die französisch-belgischen Bilder noch nicht entfernt sind) und anderes, aber hier in Salzburg, wo es<,> seit Sie weg sind …

Na, meine Frau beschimpft mich, dass ich Ihnen so viel Zeit raube mit meinem Brief. Überdies erhalte ich seit einigen Wochen alle meine Briefe aus dem Auslande „Geöffnet von der Auslandsstelle Salzburg“ oder von der „Aus-

273 Gemeint: Stefan Zweig. Vgl. Anmerkung 84.

274 In deren Augen war Molière ein Dramatiker des feindlichen Frankreich.

275 Slogan der deutschen Kriegspropaganda, formuliert von dem deutsch-jüdischen Dichter Ernst Lissauer (1882–1937), der auch das Gedicht „Haßgesang gegen England“ schrieb (1914).

landsstelle Feldkirch",[276] trotzdem der Staat eigentlich nur gegen Vermögensflucht Kontrollrecht besitzt, und ich wüsste nicht, wie man in Briefen die ins Land kommen Vermögen entfernen kann, auch wenn man eines hat. Aber das gehört wohl zum allgemeinen Bild, alles wiederholt sich, etwas mehr Uniformen in den Strassen (kommt auch noch) und man könnte meinen um 6 Jahre jünger zu sein.

Bitte empfehlen Sie uns Frau Professor, in herzlicher Anhänglichkeit und dankbarer Verehrung Ihre
Latzko's.

(40) B Latzko an Bahr, Ts. [Theatermuseum, Wien, AM 20181Ba.]
Salzburg, 23./I. 23

Sehr verehrter lieber Herr Bahr,—

innige besorgte Freunde brachten mir gestern „empört" diesen fulminanten Angriff der „Chronik".[277]

Da nun dieses Blatt das Blatt des Erzbischofs ist, dem gegenüber ich mich auf Ihre Freundschaft berufen habe, ist mir die Sache unangenehmer als sonst Anpöbelungen sind.

Der Inhalt ist von Punkt zu Punkt unwahr:

Unwahr dass ich z. Zeit der Räterepublik[278] in München war, ich sass während dieser ganzen Periode[279] in Zürich,

276 A. Latzkos Post aus dem Ausland wurde staatlich kontrolliert.

277 „Schriftsteller der Schieberzeit" in: *Salzburger Chronik*, 59. Jg., Nr. 16 v. 21./22. 1. 1923, S. 5. In diesem Artikel wurde A. Latzko vorgeworfen, dass er das Rätesystem in Bayern und Ungarn unterstützt habe und mit seinen Büchern den Feinden „überaus sehr nützlich" gewesen sei. Er habe wie andere „Lumpen unseres eigenen Volkes [...] im literarischen Teil der zugänglichen Tagespresse völkische und sittliche Zersetzungsarbeit geleistet und das für schwere Bezahlung."
Die *Salzburger Chronik*, eine Tageszeitung mit klerikal-konservativer Linie, verstand sich als Konkurrenzblatt des liberal-deutschnationalen *Salzburger Volksblattes*, in dem auch A. Latzkos Roman „Der wilde Mann" als Fortsetzungsroman und die Erzählung „Der Reiskönig" abgedruckt wurde (vgl. Anhang). Dass er in dieser Erzählung das Milieu einer norddeutschen Offiziersfamilie negativ dargestellt hat („diese beschränkten, selbstgerechten Pastoren und Beamtenfrauen"), wurde ihm ebenfalls vorgeworfen.
A. Latzko verwehrte sich gegen alle diese Anschuldigungen.

Unwahr dass ich während des Béla Kun Regimes[280] in Ungarn war, ich sass damals am Sterbebett meiner ersten Frau in der Schweiz,[281]

Unwahr dass ich im „bösen“ Horthyungarn[282] eingesperrt gewesen bin,[283] im Gegenteil, ich besitze heute noch den Pass, den mir das Ministerpräsidium der Horthyregierung für meine Ausreise im Frühjahr 1920 ausgestellt hat, des Inhalts: die Regierung bitte alle ausländischen Behörden, Ämter etc. mir in all<em> beizustehen etc. da ich in einer wichtigen Mission die das Ministerpräsidium mir aufgetragen hat, ins Ausland reise. Seither habe ich diesen letzten Sommer wieder in dem bösen Horthyungarn verbracht, und habe meine Papiere in bester Ordnung.

Unwahr das<s> meine Bücher dem Feindbunde „überaus sehr“ (!?) nützlich gewesen sind, wahr vielmehr, dass meine Bücher sowohl in Frankreich, als in England, Amerika und in Italien verboten und konfisciert waren im Krieg, in New York wurden mehr als vierzigtausend Exemplare „Men in war“ auf Befehl des War Office zerstampft. Was die inkriminierten Stellen selbst betrifft, so liegt die Sache hier komplizierter. Denn alle diese Stellen sind den Äusserungen des „Reiskönigs“[284] entnommen, dessen einzige Tochter mit einem preussischen Marineoffizier durchgebrannt ist, und ich glaube, dass selbst deutsch arische Väter in solchen Fällen den Verführer ihrer Tochter eher Lumpenkerl als Ehrenbursche nennen. Dass ich persönlich alle Ansichten, die ich dem wütenden Reiskönig in den Mund gab, Wort für Wort unterschreibe, dies zu leugnen fiele mir nie ein. In dieser inkriminierten Novelle aber komme ich selbst nie zu Wort, alles „antideutsche“ stammt aus dem Munde des rein

278 Etwa vier Wochen (7. 4.–2. 5. 1919) dauernder Versuch, im Freistaat Bayern eine sozialistische Räterepublik zu etablieren.

279 Kurt Eisner, der als Ministerpräsident Bayern zum Freistaat erklärt hatte und der A. Latzko im Zusammenhang mit einem Prozess von Berlin her kannte, lud ihn zu einer Lesung im Münchner Nationaltheater ein und betonte, es sei „ungemein wichtig, ihm [=Latzko] zuzuhören“. Am 21. 2. 1919 wurde K. Eisner ermordet. – Vgl. Viktor Klemperer: Man möchte immer weinen und lachen in einem. Revolutionstagebuch 1919. Berlin 2015, S. 53.

280 März–August 1919. Bela Kuhn (1886–1939) war als Journalist und Zeitungsherausgeber maßgeblich an der Errichtung einer sozialistischen Räteregierung beteiligt.

281 Paula Köbel starb am 30. April 1919 in Bern.

282 Miklós Horthy (1868–1957), ungarischer Politiker. Nach der Niederlage der Räterepublik führte er ein autoritäres Regierungssystem ein.

283 Beruhte auf einer Namensverwechslung. In der internationalen Presse wurde sogar berichtet, dass ein Andreas Latzko hingerichtet worden sei. (Vgl. Latzko/Latzko-Otaroff 2017: 192–193).

284 „Der Reiskönig“ – In: *Salzburger Volksblatt* v. 24. 12. 1922, Weihnachtsbeilage, S. 3. (Siehe Anhang).

deutsch-arischen Reiskönigs Kurt von Sturenburg, ist also kein Urteil, weil ein zu tode[!] verletzter Vater nicht als unparteiischer Richter zu Wort kommt.

Was die „schwere" Bezahlung betrifft, die mir der Artikelschreiber gleich zu Beginn vorwirft (und hier liegt ja der Kern), so habe ich natürlich weder für den „Wilden Mann" noch für diesen Weihnachtsbeitrag auch nur e i n e n Heller vom Salzburger Volksblatt angenommen, oder angeboten bekommen. Was sollen mir die 10 000 Kronen die es ev. zahlen würde? Aber dies bemerke ich nur Ihnen und ganz nebenbei.

Soll ich nun auf diesen Quatsch reagieren? Meine Frau treibt mich bei Ihnen anzufragen, ein Ja oder Nein auf einer Postkarte genügt. M e i n e m Gefühle nach würde ich am liebsten völlig stumm bleiben. Nicht eine einzige Anklage ausser der „Abstammung von Abraham"<,>[285] die ich mit vielen, auch mit dem Artikelschreiber teile, sitzt. Wozu also Lügen lügenstrafen? Andrerseits sind ja natürlich alle „Freunde" tief besorgt um mich und meine Reputation. Kurz, Sie sollen entscheiden. Wegen des Fürsterzbischofs ist mir die Sache auch nicht so gleichgültig als sonst, er wird vielleicht wirklich glauben, dass Sie, selbst von mir irregeführt, ihm einen vielfach abgestraften bolschewistischen Agenten und Vaterlandverkäufer zugeführt haben? Wir denken schon, ob vielleicht diese Intrigue auch unsere Heiratspläne durchkreuzte?

Seien Sie nicht böse dass ich Ihnen wieder Mühe mache, meine arme Frau hat sich doch wieder arg aufgeregt, und flüchtet zu Ihrem Rat wie in die Sicherheit. Nicht als wenn m e i n Vertrauen geringer wäre, aber ich würde mich vielleicht doch nicht trauen Sie zu behelligen.

Sturm im Wasserglase. Wüsste ich nur irgend einen Ort mit niederer Valuta und deutschen Schulen, wie gerne würde ich den Salzburgern ihren heissen Wunsch erfüllen mich nicht mehr hier zu sehen!

Unsere Papiere aus Budapest[286] sind heute von dort abgegangen, wie mir ein Telegramm eben meldet, werden also morgen hier sein. Dann gehe ich sofort auf's Standesamt, um den Termin festsetzen zu lassen.

Viele herzliche Empfehlungen von der Kleinen Frau
in alter Anhänglichkeit Ihr getreuer AndrLatzko

285 Zu Beginn des Artikels in der *Salzburger Chronik* spricht der Verfasser A. B. von ausländischen Schriftstellern „zumeist dem Stamme Abrahams angehörig". Diese antisemitisch intendierte Äußerung geht nach Latzkos Meinung ins Leere, da auch das Christentum, dem der Artikelschreiber vermutlich angehört, eine abrahamitische Religion sei.

286 Für die Eheschließung.

(41) B Bahr an Latzko, Ms. [Allard Pierson, U. v. A., Hs. Er 40:a(14).]

24. 1. 23

Lieber Freund!

Sie wenden sich mit Ihrer Frage an eine ganz falsche Adresse, wenn Sie mich fragen, mich, der seit je daran festhält, auf Lügen in Zeitungen niemals zu antworten. Wenn in der Zeitung steht, ich hätte meine Mutter geschändet, meine Frau vergiftet und meine Kinder lebendig verspeist, würde ich schweigen, wie ich in ähnlichen Fällen immer geschwiegen habe.

Ich glaube auch nicht, daß derlei auf den Fürsterzbischof irgend einen Eindruck macht. Er weiß, daß in allen Parteien über politische Gegner gelogen wird. Wollen Sie aber noch was übriges tun, so g[Lochung: ehen] Sie doch zu ihm und zeigen ihm das Blatt unter Mitteilung des wirklichen Sachverhalts.

So lang solche Lügen auf den, über den gelogen wird, Eindruck machen, haben die Zeitungen recht zu lügen. Und wozu sonst sind sie denn da? Lügen sind immer interessanter als die Wahrheit und Zeitungen sollen doch den Leser interessieren, c'est leur metier.[287]

Grüßen Sie Ihre liebe Frau und seien Sie selbst in alter Freundschaft
herzlichst gegrüßt
von Ihrem getreuen Hermann Bahr

(42) B Latzko an Bahr, Ts. [Theatermuseum, Wien, AM 20182Ba.]

Salzburg, 28/I 23.

Sehr verehrter lieber Herr Bahr,—

es bedarf keines Jubiläums damit wir zwei an Sie denken, und Ihnen alles nur erdenkliche Gute wünschen, ich habe das Gefühl unsere Anhänglichkeit zu profanieren, wenn ich mich und die kleine Frau in den[!] Rudel mische. Was ich auch sagen würde, käme ungeschickt heraus, denn es ist ein natürliches Schamgefühl um alle Innigkeit, und daran möchte ich und kann ich

287 Das ist ihr Geschäft (frz.).

nicht rühren. Wer (und was) sich „behaglich mitzuteilen weiss“[288] ist sicherlich nicht das, was Sie am höchsten einschätzen, und so werden Sie uns erlauben, dass wir uns darauf beschränken – höchst egoistisch! – unsrer Freude darüber Ausdruck zu geben, dass heute vor 40 Jahren der Linzer Theaterdirektor den jungen Bahr aufführte[289] und ihn damit dem Theater verfallen machte, denn wäre ohne diese Aufmunterung ein Notar aus dem jungen Bahr geworden, dann hätten wir sehr wahrscheinlich seine Bekanntschaft nie gemacht, und uns seiner Freundschaft nie erfreuen können. Freilich ist unsere Freundschaft für Sie kein Ersatz für die verlorenen Annehmlichkeiten der honetten bürgerlichen Existenz, und kein Trost für alles, was der „freie“ Beruf im Gefolge hatte. Aber ich glaube die kleine Frau hätte es mir nie dauernd verzeihen können dass ich diesem Berufe angehöre und sie in die „Kunst- und Literatenstadt“ Salzburg verschleppt habe, hätte ich nicht den mächtig mildernden Umstand Hermann Bahr stets zu meiner Entlastung anführen können.

Apropos Kunst- und Literatenstadt habe ich Ihnen mitzuteilen, dass wir beide die Rechnung ohne den Wirt gemacht, den<n> die Folge meines Schweigens auf die „Anklagen“ in der „Chronik“ war, dass man mein Schweigen als Zustimmung auslegte, und die Stadt nunmehr dem entlarvten Bolschewiken die bisherige Begünstigung, von der „Fremdenzimmerabgabe“ befreit zu sein, plötzlich – von heut auf morgen – entzog, was nicht weniger als 26 000 Kronen täglicher (!!) Mehrausgabe bedeutet, und darauf zu schweigen erlauben mir leider meine Einnahmsquellen nicht. S i e können sich ja denken, welche enorme<n> Schwierigkeiten mir das Hotelleben ohnehin schon auferlegt. Zu der Wohnmiete von 40 000 Kronen t ä g l i c h auch noch eine t ä g l i c h e Steuer von 26 000 Kron. zu verdienen bin ich wirklich ausser Stande.

Folge: natürlich Laufereien, Vorzimmerbesuche bei Preussler,[290] Winternigg[291] und noch sechs anderen Koriphäen der soc. dem. Partei, ein Sichkleinmachen, Ducken, Bitten, Warten, Laufen, Anklopfen etc. etc. das ich dem

288 Zitat aus Goethes „Faust I“: „Wer sich behaglich mitzuteilen weiß, / den wird des Volkes Laune nicht erbittern.“ (Faust I, Vers 81–82, Lustige Person)

289 Das Stück „Die Wunderkur“ wurde am 6. 2. 1883 im Landwirtschaftlichen Theater in Linz aufgeführt.

290 Robert Preußler (1866–1942), Vgl. Anmerkung 106.

291 Sozialdemokratischer Parteisekretär in Salzburg.

A. B.[292] der Chronik nicht so bald verzeihe. Ob alle Lauferei was nützen wird, ist noch sehr fraglich, da die Soc. Dem. nicht in der Majorität sind. Was ich bei negativem Ergebnis anfange, ist mir noch nicht klar, denn meine Möbel stehen nun mal hier, Gott sei's geklagt, und ihre Wegschaffung auch nur bis Wien würde, wie ich mich informieren liess, heute min<i>mum 12 Millionen kosten, eine Summe die als „Nebenausgabe" (ich müsste ja dann auch noch „Ablösung" für eine Wiener Wohnung zahlen etc.) weit über meine Kräfte geht. Ich wurzle also, doch ernährt mich der Boden, bei dieser neuen Steuerbelastung schon gar nicht mehr. Dass Herrn Winternigg in erster Reihe darum zu tun wäre, der Chronik durch meine „bewährte" Feder eines auswischen zu lassen, da ich darauf hinwies dass in derselben Nummer, die den Angriff gegen mich enthält, ein Feuilleton über die heilige Beicht ist, mit besonderen Nachdruck auf die Sünde des Verleumdens, üble Nachrede-führens etc. hinweisend.[293] Da ich aber hierzu nicht bereit bin, weil ich – was Sie begreifen werden – nicht der Fussball sein will, mit welchem diese Herren ihre kleinen „Goals" schiessen,[294] so ist wiederum das Interesse der „Partei" an mir nur ein gemässigtes, kurz das alte Bild: für rechts – zu links, für die Linke zu rechts,[295] also von allen Seiten aus gesehen ein Schweinehund. Sicher die aller sympathischeste Stellung, aber mit 26 000 Kronen täglich zu teuer bezahlt, wenn man nur eine, wenn auch gutgehende Feuilletonfabrik unterhält.

Über den Tag unsrer „Vermählung" noch immer nichts gewisses, es war der 3-te schon festgesetzt gewesen, da tauchte n o c h ein Hindernis auf: es soll in der Dreifaltigkeitskirche in Wien, Tuchlauben, ein griechisch nicht uniiertes Pfarramt funktionieren, das für alle nicht uniierten orientalischen Kirchen die Matrikeln führt, und so müssen wir, so d i e s e Kirche uns zu trauen bereit wäre, nach Wien fahren. Nur falls auch dieser Geistliche die ungültig erklärte Homann-Ehe[296] für gültig ansieht und uns zu trauen gleichfalls verweigert,

292 Kürzel des Verfassers des Beitrages „Schriftsteller der Schieberzeit" in der *Salzburger Chronik* vom 21. 1. 1923 mit den Anschuldigungen gegen A. Latzko.

293 „Christliches Monatsprogramm". Beitrag von Martin Feichtlbauer in: *Salzburger Chronik* vom Sonntag, 21. 1. 1923, S. 4.

294 Die beiden Salzburger Tageszeitungen *Salzburger Volksblatt* und *Salzburger Chronik* bekämpften einander aus politisch-ideologischen Gründen.

295 In dieser Positionierung scheint er sich mit H. Bahr einig gewesen zu sein. Vgl. Brief von H. Bahr an A. Latzko vom 31. 1. 1923.

296 Erste Ehe von Asterik/Stella Otaroff.

kann die Notcivilehe[297] vorgenommen werden. Ich wäre froh, wenn die griech. nicht unierte Kirche anderer Ansicht als die unsre wäre, glaube aber nicht daran. Und so wird es sich wohl nur um eine neue Verzögerung handeln. Ich übergebe das Wort dem zweiten Gratulanten[298] und bin mit den besten Wünschen für die Kranken Ihres Hauses in Treue Ihr

Latzko

(43) B Bahr an Latzko, Ms. [Allard Pierson, U. v. A., Hs. Er 40:a(16).]

31. 1. 23

Lieber Freund!

Lassen Sie mich um Gotteswillen mit meinem ‚Jubiläum'[299] in Ruh, das mein Agent arrangiert, weil er sich eine Steigerung meiner Tantiémen verspricht, wogegen auch ich nichts einzuwenden habe, so daß ich den Rummel mit Seufzen und Schweigen über mich ergehen lasse.

Zur Sache selbst muß ich übrigens bemerken, daß ich mir und der Menschheit sicherlich als braver Notar viel besser gedient hätte als mit den einigen vierzig Stücken und den einigen sechzig Bänden, die ich geschmiert habe.[300]

Und trösten Sie sich: für rechts zu links, für links zu rechts und für die Mitte zu radikal ist sicherlich die einzige menschenmögliche Haltung.

Ich wünschte, so viel Geld zu haben, daß ich in meinem Bergwinkel sitzen und nur noch Homer und Shakespeare lesen könnte – Goethe wäre mir schon zu modern.

Bitte geben Sie das beiliegende Blatt der verehrten gnädigen Frau.[301]

Herzlichst

B.

---

297 In Österreich gab es seit 1868 die sog. „Notzivilehe", wenn kein staatliches, aber ein kirchliches Ehehindernis bestand.

298 Verm. Stella Homann.

299 Aufführung des ersten Theaterstückes von H. Bahr „Die Wunderkur" in Linz vor 40 Jahren. Vgl. Brief A. Latzko an H. Bahr vom 28. 1. 1923.

300 Entweder ein starkes Understatement oder Ausdruck einer depressiven Stimmung.

301 Stella Homann.

(44) B Bahr an Stella, Ms. [Allard Pierson, U. v. A., Hs. Er 40:a(15).]

31. 1. 23

Sehr verehrte liebe gnädige Frau!

Empfangen Sie meinen herzlichsten Dank für Ihre lieben Zeilen, die mir eine große Freude bereiten! Ich denke so viel an Sie, kränke mich, daß Ihnen die mehr dummen als schlechten Menschen[302] so viel Ungemach und Verdruß bereiten und hoffe zu Gott, daß Sie die Geduld, innere Freudigkeit und Ruhe nicht verlieren. Andreas Latzko liebt Sie, Sie lieben ihn, das ist etwas so Wunderschönes, so tief Beglückendes, daß man dafür dem Schicksal schon einen gewissen Zoll von Unannehmlichkeiten abzuzahlen schuldig ist.

Unordnung im Hause (meine Frau war an böser Grippe sehr krank und zugleich lag auch Latzkos Landsmännin unsere Hauskommandantin Jenny[303] an heftiger Grippe darnieder) sowie ein Stoß unaufschiebbarer Arbeiten macht es mir unmöglich, jetzt bei Ihrer Trauung[304] persönlich zugegen zu sein. Daß ich mit den herzlichsten Gedanken, den innigsten Wünschen und der reinsten Freude bei Ihnen weile, muß ich nicht erst sagen!

In aufrichtiger Verehrung
Ihr getreuer Hermann Bahr

302 Diese Wertung übernahm Stella und schrieb wenig später in einem Brief an den Amsterdamer Freund Johan Ankersmit, Redakteur der Tageszeitung *Het Volk*, in dem sie über ihre Erfahrungen mit den Salzburger Verhältnissen klagte: „Den Hass lese ich in vielen Gesichtern, aber ich verzeihe allen, die sind nicht schlecht, sind nur dum[m]! Dabei keiner von denen materiel[l] ist ärmer als wir. Alle ohne Ausnahme sind reicher, nur sie wissen es nicht." (Brief vom 12. 1. 1924. – Briefe A. Latzko an Johan (Jo) Ankersmit. Archief J. F. Ankersmit, International Institute of Social History / Internationaal Instituut voor Sociale Geschiednis, Amsterdam.)

303 Vgl. Anmerkung 77.

304 Am 5. Februar 1923 standesamtlich in Salzburg („Notzivilehe"). Dass eine kirchliche Trauung nicht möglich war, dürfte H. Bahr die Absage erleichtert haben. Ihm als prominenter Persönlichkeit wäre es nicht zumutbar gewesen, bei einer „civilen" Trauung als Trauzeuge aufzutreten.

(45) B Stella Latzko an Bahr, Ms. [Theatermuseum, Wien, AM 20191Ba.]

Salzburg 6/II 1923

Sehr verehrter lieber Herr Bahr

Gestern wurden wir getraut.[305] Da ich Eid leisten musste vorher, dass mir kein Ehehindernis bekannt, so stand auch ein Kruzifix mit zwei Kerzen vor dem Standesbeamten, dadurch war es mir viel heimlicher als ich mir zu hoffen traute. Wir geben die schöne Hoffnung nicht auf, einmal Katholisch getraut z<u> werden, was sehr möglich ist, wenn in Wien der griechisch nicht unierter[!] Geistlicher[306] meine Ehe nach meiner Religion ungültig erklärt. Zu Hause erwarteten mir die schöne Blumen von Ihnen und Baron Pereira[307] übergab mir Ihre Wünsche, was mir sehr teuer war und wofür ich Ihnen herzlichst danke. So wohl hat uns getan dass wir doch einige Freunde haben die uns wohl wollen. Baronin Thienen[308] hat mir eine echte Ikona[!][309] geschenkt, es war so nett dass sie gewählt hat, was an meine weite Heimat erinnerte.

Noch einmal schönen Dank für Ihren lieben warmen Brief, sie haben recht alles hat seinen Preis.

Beste Grüsse und Wünsche an Frau Professor und <ich> hoffe Sie ist schon gesund wie auch Jenny[310] und Sie haben wieder keine Sorgen mehr.

In herzlicher Verehrung und Dankbarkeit
Ihre Stella Latzko
P. S. Mein Mann schreibt auch bald.

305 Trauzeugen waren: Baron Adolf von Pereira für Stella und Preussler (Vg. Anmerkung 106) für Latzko, (verm. Robert Preußler (1866–1942). – Brief von Baron Adolf v. Pereira aus Salzburg an H. Bahr in München v. 6. 2. 1923. (Theatermuseum Wien A 21 867 BaM)

306 Ein Geistlicher der griechisch-orthodoxen Kirche, die nicht mit Rom uniert ist. Sollte dieser ihre erste Ehe für ungültig erklären, könnten sie nach katholischem Ritus getraut werden. (A. Latzko war katholisch getauft.)

307 Baron Pereira hatte vorher H. Bahr zu überzeugen versucht, dass er in seinem Namen mit Blumen gratulieren könne, denn „mir käme es wie eine ‚Bestrafung' vor, ihnen deshalb keine Blumen mehr zu senden, weil sie nicht kirchlich getraut werden.“ – Brief Adolf v. Pereira aus Salzburg an H. Bahr nach München v. [2]9. 1. 1923. (Theatermuseum Wien A 21 866 BaM)

308 Vgl. Anmerkung 214.

309 Ikone.

310 Vgl. Anmerkung 77.

(46) PK Bahr an Stella Latzko, Ms. [Allard Pierson, U. v. A., Hs. Er 40:a(17).]

Frau Stella Latzko, Salzburg, Hotel Österreichischer Hof

[fremde Hand: ¾] Ostermontag 1923[311]

Sehr verehrte liebe gnädige Frau!

Aus völlig vergripptem Hause kann ich, selber eben erst wieder auf, doch noch keineswegs wohlauf, Ihnen Beiden von uns nur diesen lakonischen, aber aus vollem Herzen dargebrachten Ostergruß mit allen nur erdenklichen Osterwünschen senden, hoffend, Sie doch in diesem Sommer doch endlich wieder einmal wiedersehen zu dürfen!

In treuer herzlicher Verehrung

Hermann Bahr

(47) PK Latzko an Bahr, Ms. [Theatermuseum, Wien, AM 20948Ba.]

15. V. 23 [Ps]

Adresse: Herrn Hermann Bahr, München, Barerstr. 50/I

Absender: A. Latzko, Hot. Österr. Hof, Salzburg

Vorderseite:

Sehr verehrter, lieber Herr Bahr,

wir kommen – meine Frau u. ich Donnerstag (17-ten) durch München, und unsere ganze Reise (Vortragstermine[312] durch Holland) würde uns nicht mehr freuen, wenn wir den Donnerstag nachmittag nicht mit Ihnen verbringen könnten. Wir fahren um 9 Uhr abends weiter. – wenn Sie aber die Zeit ab 5 Uhr n. M. (ich will nicht unbescheiden sein!) nicht schenken wollen dann holen wir Sie wo Sie wollen ab. Bei Ihnen, oder an jedem bel.[= beliebigen] Rendez-vous-Ort.

Ich werde im Hot. Exzelsior[313] (Schützenstrasse) ein Tageszimmer nehmen, und teleph. bei Jenny[314] a<nf>ragen, wo wir uns einfinden sollen.

Rückseite:

311 2. April 1923.

312 Verm. vermittelt durch Johan (Jo) Ankersmit, Redakteur der Amsterdamer Zeitung *Het Volk*.

313 In der Nähe des Bahnhofs.

314 Vgl. Anmerkung 77.

Wer sich mehr auf diese Stunden mit Ihnen freut, meine Frau, oder ich, ist nicht zu entscheiden. Jeder geringschätzt die Fähigkeit des anderen, zu zweit representieren[!] wir jedenfalls eine sehr ansehnliche Quantität Wiedersehensfreude.

In grosser Vorfreude von Herzen Ihre Latzko's

(48) PK Latzko an Bahr, Ms. [Theatermuseum, Wien, AM 20952Ba.]
Ansichtskarte aus Haarlem v. 25. 5. 23 [Ps]

Herrn Hermann Bahr, München, Barerstrasse 50/I

Vorderseite:

Ansicht von Rembrandts Bild „Les Syndics des Drapiers d'Amsterdam" [= Die Vorsteher der Tuchmacherzunft. Niederländischer Originaltitel: „Staalmeesters"] aus dem Rijks-Museum Amsterdam.

Rückseite:

Haarlem, 24/V.

Sehr verehrter, lieber Herr Bahr,—

die Museen sind auch hier das eigentlich Erfreuliche. Der Rest – „tutto il mondo è un paese"[315] war noch nie so wahr wie jetzt – Erste Tage Juni hoffen wir wieder (aber diesmal ohne Fieber) bei Ihnen zu sein.

Handkuss an Frau Professor, Ihnen alles Gute
von Ihren getreu ergebenen Latzkos.

315 Sinngemäß: Die Menschen sind doch überall gleich (ital.).

(49) B Latzko an Bahr, Ts. [Theatermuseum, Wien, AM 20183Ba.]

Salzburg, 12/VI. 23

Sehr verehrter lieber Herr Bahr,—

ich hoffe wir haben Ihnen keinen Schrecken eingejagt, denn Sie werden bei Ihrer Heimkehr beide Nachrichten: die üble von der Erkrankung meiner Frau und die gute: dass Professor Döderlein[316] sie, entgegen der Prognose des holländischen Arztes für vollständig gesund erklärt hat, auf einmal erhalten haben.

Uns ging es viel schlimmer, wir lebten acht Tage lang unter dem Fallbeil, denn der Arzt in Haarlem hatte eine Operation mit ziemlicher Sicherheit vorausgesagt. Wir spielten uns natürlich gegenseitig eine Komödie vor, aber es war uns beiden sehr übel zu Mute, und Sie können sich denken wie seelig[!] wir waren, als wir aus Döderleins Haus herauskamen!

Es war ein Verhängnis, dass wir Sie in dieser frohen, befreiten Stimmung nicht sehen konnten.

Aber ich konnte Sie in[!] voraus nicht benachrichtigen, denn ich bekam in letzter Stunde noch eine Vorlesung hinzu, und es war auch noch von Utrecht die Rede, und erst 24 Stunden vor der Abreise entschloss ich mich, diese brave Universitätsstadt doch lieber zu verschonen. Gerne hätten wir Ihnen von unseren holländischen Abenteuern berichtet, sie waren mannigfach, zum Teil recht aufregend, aber die Hauptsache: das Endresultat waren doch cca. 350 holl. Gulden über die Spesen, die trotz der wahnsinnigen Gastfreundschaft in diesem Lande doch sehr beträchtlich (über 300 Gulden) waren, Dank der fantastischen Höhe der bewussten „kleinen“ Ausgaben: wie Trammbahn[!], Cigaretten (!) etc

Meine neue grosse Novelle,[317] die ich übrigens zu gerne auch Ihnen einmal zu lesen gäbe, hat sehr starken Eindruck gemacht, und glücklich auch einen Verleger gefunden, der sie mit 12 Holzschnitten als selbständigen Band herausgeben wird, nachdem sie vorher im deutschen Original in der holl. Zeitschrift „Der Stemm“ erscheinen wird. Meine Frau kapitulierte, und gestand

316 Dr. Albert Döderlein (1860–1941), deutscher Gynäkologe und Professor an der Universität München.

317 Verm. die Erzählung „Der Doppelpatriot“, die später in der Tageszeitung *Salzburger Wacht* vom 31. 10. 1924 erschienen ist. (Siehe Anhang).

zuletzt, dass es doch gut war, dass wir gefahren sind. Höchster Triumph, der nicht ohne Kämpfe errungen wurde!

Eine Frage, oder richtiger Bitte, „ausser Text". Könnten Sie nicht veranlassen, dass mir von Ihrer Biographie[318] bei Fischer, wenigstens Aushängebogen[319] in diesem Monate noch geschickt werden? Seien Sie nicht böse dass ich Sie darum bitte, ganz davon abgesehen, dass ein armer Mann, der monatlich zwei österr. Briefe[320] in alle Windrichtungen verschicken muss, Ihnen in tiefer Dankbarkeit für das Thema Ihres 60ten Geburtstages[321] verbunden ist, – im E r n s t e möchte ich, dass neben all dem klugen Geschreibsel, der Mensch den ich liebe, auch sein Standbild bekommt, und die Leute draussen von dem Österreich etwas hören, das Sie sind. Und wo soll ich mich über Sie unterrichten, wenn nicht bei Ihnen. Ich b<in> sicher, dass Sie auch über den Hermann Bahr das Treffendste sagen.

Nun zurück zu dem Text: ich hoffe, dass Sie ihr Versprechen einlösen, und uns jetzt bald einen Besuch schenken. Denn meine Frau muss zwar in drei Wochen nocheinmal zum Döderlein, nur der Sicherheit halber, damit sie selbst ganz ruhig ist, sie will aber absolut nicht davon hören mit mir zu reisen, und wird darin bestimmt untraitabel[322] bleiben, was ich ihr noch nichteinmal ganz ausreden kann, nach dem Erlebnisse das sie bei der Ankunft in Salzburg mit meinem Passe bei der Passstelle hier erlebte. Sie wird Ihnen das selbst am besten vortragen könn<en>, denn sie wird bestimmt nicht versäumen Sie aufzusuchen, und dann wird funkelnd die Entrüstung aus ihr hervorsprudeln, begreiflicherweise, denn sie hatte es so stolz genossen, dass man mich in Holland als anständigen Menschen so zu sagen feierte, dass die ganz entgegengesetzte Behandlung im eigenen Lande sie desto bitterer empörte.

Mir aber bleibt so nur die Hoffnung Sie hier zu sehen, ehe mich Ir<r>esbergers[323] Sommerpreise in die ungarische Verbannung jagen. B i t t e, lieber Herr Bahr, kommen Sie bestimmt, erst das Fieber (das mich übrigens noch einmal in Holl. erwischte, und natürlich gerade als ich zu einem Diner zu Gast

318 H. Bahrs Autobiographie „Selbstbildnis" erschien 1923 bei S. Fischer, Berlin.

319 Druckbogen zur Endkontrolle vor dem Druck.

320 A. Latzko: Briefe aus Österreich. Zeitungsserie auf Niederländisch. 2 Bände: „Brieven uit een stervend land" (dt.: Briefe aus einem sterbenden Land) und „Brieven uit een herlevend land" (dt.: Briefe aus einem auflebenden Land).

321 19. Juli 1923.

322 Nicht davon abzubringen (engl.).

323 Besitzer des Hotels „Österreichischer Hof".

war) und dann die vermeintliche Erkrankung meiner Frau haben mich um das bestimmt erhoffte Beisammensein gebracht, und wirklich, mein Leben ist nicht so reich an Freuden, dass ich mich damit leicht ab finden könnte. Hier fand ich alles unverändert, Baronin Helene[324] habe ich vorschlagen müssen, sich als Fahnenmutter der Hackenkreuzler[!] am Arme Ludendorfs[!], aber mit einem Exemplar „Menschen im Krieg“ in der Linken photographieren zu lassen. Sie vereint in ihren Äusserungen auf sinnige Weise alles was in der Gedächtnisrede eines Hofpredigers auf Kriegshelden an <an>spornendem Pathos für lauschende Pfadfinderjugend nur geschmettert werden kann, ohne jedoch die pacifistischen Üblichkeiten von 1918/19 verleugnen zu wollen. Ihr Mann, Baron Waldemar,[325] ist wenigstens nicht scheckig, er wäre wohl von Herzen bereit gütig zu sein, wenn – wenn man ihn eben nicht mit Gesetzen dazu zwingen wollte! Gutes tun weil es ihm Spass macht, als Kavallierspassion[!] – oh ja, aber da Plebejer es vorschreiben wollen, flammt er in neronischer Grausamkeit. Zwischen den beiden taucht jede vierte bis sechste Woche für einige Stunden nur das von Kayserlings[326] Widerschein beleuchtete Antlitz des Sohnes auf, pendelnd zwischen Gattin und Weisheit, auf der Durchreise, volkesferne, intensiv durchseelt, von seiner Rasse glücklich vor der Gefahr beschützt – Schmitzig[327] zu werden. Baron Pereyra,[328] Herz und Geist weit geöffnet für alles Gute, von einem Herrscherblick der Baronin Helene hermetisch zugeklappt, sobald er sich ernstlich zu inficieren droht.

Hoch über diesen aristokratisch-dilletantischen[!] Versuchen eines Seelenlebens als „encanaillement“[329] – der Stephan[330] auf dem Kapuzinerberg (an einer schweren gastrischen Verstimmung leidend[331] (ich denke in Folge meiner

324 Baronin Helene von Thienen-Adlerflycht. Vgl. Anmerkung 214.

325 Baron Waldemar von Thienen-Adlerflycht, Ehmann von Helene von Thynen-Adlerflycht, kaufte 1895 Schloss Katzenberg im Innviertel zwischen Braunau und Obernberg. Er war aristokratisch-antidemokratisch gesinnt.

326 Verm. Moritz Meyer Kayserling (1829–1905), deutscher Historiker und Rabbiner.

327 Anspielung auf Oskar A. H. Schmitz (1873–1931), deutscher Gesellschaftsschriftsteller und Mitglied der Münchner Bohème.

328 Vgl. Anmerkung 196.

329 Erniedrigung, Entwürdigung (frz.).

330 Stefan Zweig.

331 Anspielung auf den möglicherweise gefährdeten beruflichen Erfolg von Stefan Zweig. A. Latzko sah sich nach dem Erfolg seiner Bücher *Menschen im Krieg* und *Friedensgericht* durchaus (noch) als sein Konkurrent.

begüterten Heimkehr aus Holland) bei Tage einige neue Bücher beendend, nur des Abends sichtbar, wenn er die Arbeitszelle seines Schlosses[332] mit der goldenen Freiheit vertauscht, h e i m kehrend in Café Bazar oder Schlammbräu[333] Gastlichkeit. Hierzu: allgemeine Erbitterung gegen die Fremden[334] die im Vorjahre die Teuerung verschuldet hatten, und nun ihr eigenes Werk fliehend heuer nicht kommen und hier teurer als in ihrer Heimat leben wollen. Noch grössere Wut gegen den Saujuden Reinhardt,[335] der die von ihm entweihten Kirchen nicht wieder in den Dienst der Salzburger Hoteliers und Kaufleute spannt. Vom Anschluss[336] kein Wort mehr, da ja unsere Krone höher steht als die einst umworbene Mark, als Ersatz: Gehirn-Ruhr,[337] theoretisches Franzosenmorden, das mit gelegentlichen Manöverübungen gegen unbewaffnete Juden sich einübt. Dazu eine Socialdemokratie, die aus Angst vor Stimmenverlust sich „national" gebärdet, und so alles, was nicht bürgerlich werden will, zu den Kommunisten hetzt, übersieht – hypnotisiert von Poincaré[338] – die Umgestaltung des Bundesheeres in reaktionäre Stosstrupps. Übers Jahr, übers Jahr, wann ma d'Rebele schneidt![339]

Sehen Sie ein, dass ich Sie brauche, für ein zwei Tage wenigstens, ehe ich mir Ungarn über die Ohren ziehe?[340]

Wäre das W u n d e r nicht, dass – meine Frau in der Hoffnung ist, was Sie aber vorläufig nicht wissen dürfen, um Gottes willen (!!!) ich könnte und müsste lebensüberdrüssig werden. So aber – bin ich verrückt leichtsinnig, und eitel, und gewissenlos, sehr glücklich zu sein! Aber das sage ich nur Ihnen, und

332 Paschinger-Schlössl auf dem Kapuzinerberg in Salzburg.

333 Braugasthof „Hofinger" in der Dreifaltigkeitsgasse, ein beliebter Treffpunkt, ähnlich dem in der Nähe liegenden „Café Bazar". Nach dem Besitzer Nikolaus Schlamm wurde das beliebte Lokal auch „Schlamm-Bräu" genannt.

334 Gemeint sind die Festspielgäste.

335 Max Reinhardt (1873–1943), gründete zusammen mit Hugo von Hofmannsthal die Salzburger Festspiele. Häufig Ziel antisemitischer Attacken.

336 Anschluss an das Deutsche Reich. Bei einer (inoffiziellen) Volksabstimmung im Mai 1921 hatte es nur 877 Gegenstimmen gegeben.

337 Anspielung auf die Besetzung des Ruhrgebietes nach dem Ersten Weltkrieg durch Frankreich.

338 Raymond Poincaré (1860–1934), französischer Politiker und mehrmals Ministerpräsident.

339 Erster Vers eines schwäbischen Volksliedes, gesungen nach der Melodie von „Muss i denn, muss i denn zum Städtele hinaus".

340 Aus finanziellen Erwägungen plante er (gegen seinen Willen) wieder einen Urlaub bei seinen ungarischen Verwandten.

ganz im Geheimen, denn meine Frau behauptet, es sei eine Schande, und dass man mich auslachen und rügen werde.[341] ---

Auf Wiedersehen also in Salzburg, nicht wahr. Und bitte, bewahren Sie mir das Geheimnis, das ich nicht bewahren konnte, trotz der besten Vorsätze, der Mund ging über.

Viele Empfehlungen an Frau Professor
in Treue Ihr leichtsinniger
Latzko.

(50) PK Latzko an Bahr, Ms. [Theatermuseum, Wien, AM 20950Ba.]
Postkarte aus Salzburg vom15. VI. 23 [Ps]

Herrn Hermann Bahr, München, Barerstrasse 50

Vorderseite:

Sehr verehrter, lieber Herr Bahr,—

man wird für Sie am 2ten Juli ein kleines Zimmer zum Preise („Vorzugs“preise als Ehrensalzburger) von 20 000,– Kronen bereit halten. Gewöhnliche Sterbliche müssen für solch' ein Wändequadrat 26 000 bezahlen, also über 30 000 Mark, wofür man in einem guten Münchener Hotel ein ganzes zweibettiges Zimmer mit warmem Wasser u. Stadtteleph. bekommt. Die Leute werden hier erst nachgeben, wenn alle deutsche[n] Gastwirte bereits auf Kosten der österr. Kollegen reich geworden sein werden. Das alte Lied! – Wir sind glücklich, dass Sie kommen werden, u. ich frage mich (u. ich werde mich noch genauer bei Ihnen diesbez. erkundigen, warum wir

Rückseite:

eigentlich nicht auch an den Milchstättersee[!][342] gehen? Ich muss hier hinaus, das allein steht fest. Wohin? Keine Ahnung! Teuer ist es überall, u. eine besondere Anziehungskraft gibt es nirgends, ausser – dort wo Sie hingehen. Aber wir werden noch darüber sprechen, und keinesfalls in eine Einsamkeit einbre-

341 Wegen des Alters. A. Latzko war zu dieser Zeit 47 Jahre alt.

342 H. Bahr machte manchmal am Millstättersee in Kärnten Urlaub.

chen, die Sie eigens aufsuchen. Es gibt eine grosse Neuigkeit[343] bei uns, die ich nur mündlich beichten kann.

Auf Wiedersehen also!
Ihr treuester Latzko

Foto H. Bahr in Millstatt 1923

343 Damit meint A. Latzko verm. die bevorstehende Geburt eines Kindes, von der er aber H. Bahr schon im Brief vom 12. Juni berichtet hat.

(51) PK Bahr an Latzko, Ms. [Allard Pierson, U. v. A., Hs. Er 40:a(18).]

Herrn Schriftsteller Andreas Latzko, Salzburg, Hotel Österreichsicher Hof

29. {VI.} 23

Lieber Freund!

Darf ich Sie nochmals bemühen und bitten, im Österreichischen Hof außer dem für mich von Montag den 2. Juli an reservierten kleinen Raum auch noch für die Zeit von Mittwoch dem 4. Nachmittag bis Donnerstag den 5. Mittag ein kleines Zimmer für meine Frau zu reservieren? – Ich komme Montag mit dem in München um ¾ 12 abfahrenden Bummelzug, der nach fünf in Salzburg ist und bleibe bis Donnerstag Mittag, wo ich dann mit meiner Mittwoch mir nachreisenden Frau nach Kärnten fahre, um hoffentlich für drei Wochen aus der Welt zu verschwinden. – Ich freu mich herzlichst auf ein gutes Gespräch mit Ihnen! Bitte sagen Sie Baron Pereira,[344] daß ich ihn baldigst zu sehen hoffe!

Mit Handkuß an die liebe gnädige Frau schönstens grüßend immer Ihr alter

Hermann B.

(52) PK Latzko an Bahr, Ms. [Theatermuseum, Wien, AM 20949Ba.]

Ansichtskarte aus Venedig vom 7. IX. 1923 [Ps]

Herrn Hermann Bahr, Barerstrasse 50, München, (Germania!)

Vorderseite, oben: Ansicht von Venezia – Lido – Le Sabbiature [Strandleben]

darunter:

Sehr verehrter, lieber Herr Bahr,—

seit gestern ohne Baronin Helene,[345] die es vorzog einige Stangen Seife und etliche Puderschachteln mehr als Beute zu entführen, als für 2 Tage nach Venedig mitzukommen. Hier alles genau wie einst, auch der ungeheure Überfluss an Spree- […] ist unvermindert, trotz der schlimmen Zeiten! Es ist erstaun-

344 Vgl. Anmerkung 196.

345 Vgl. Anmerkung 214.

lich. – Venedig – leider schmerzlich, weil man der kriegerischen Gier nicht mehr mit der lächelnden Überlegenheit von einst begegnen kann. Bei 3000 Kronen für eine Lira wird man auch selbst zum

Rückseite:

deutschen Oberlehrer, bei Rechenirrtümern von 2 Lire auf eine Zeche von 2 Kapuzinern.[346] Man ist kleinlich, bekommt es zu fühlen, u. ist verstimmt. Mit dem wehmütigen Lächeln des verkrachten Kavaliers muss man <es> ertragen.— Viel viel Herzliches

A. Latzko

Verehrter lieber Herr Bahr

Ihnen und <der> lieben Frau Professor meine herzlichsten Grüsse aus <dem> herrlichen Venedig

Ihre Stella Latzko

(53) PK Latzko an Bahr, Ms. [Theatermuseum, Wien, AM 20945Ba.]
Ansichtskarte aus Salzburg v. 4. 2. 24

Herrn Hermann Bahr, München, Barerstrasse 50

Vorderseite (stehend):
Obere Hälfte: Ansicht von Salzburg mit Festung und Untersberg

Untere Hälfte:

Sehr verehrter, lieber Herr Bahr,—

Sonntag früh 5 Uhr ist meine Frau eines gesunden Buben[347] entbunden worden, u. ist, so gut wie das Kind, Gott Lob wohlauf. Ohne die Unbescheidenheit zu begehen, Ihnen die Mühe einer Reise nach Salzburg abzufordern, können u. wollen wir doch nicht verschweigen, dass wir gerne bereit sind den Zeitpunkt

346 Zwei Cappuccino.

347 Desiderius G. H. Latzko, 3. 2. 1924, Salzburg – 14. 5. 2017, Bloemendaal, NL.

der Taufe ganz Ihren Dispositionen entsprechend festzusetzen, wenn wir dem Neugeborenen hiedurch den Hermann Bahr als Paten auf den Weg mitgeben[348]

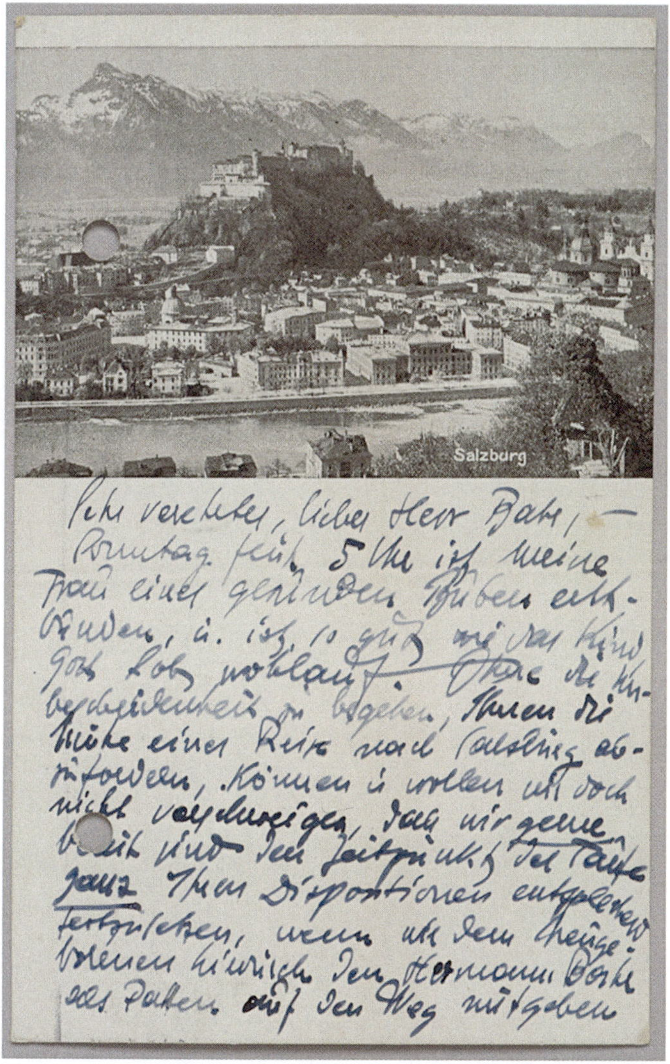

Sehr verehrter, lieber Herr Bahr, –
Sonntag früh 5 Uhr ist meine Frau eines gesunden Buben entbunden, u. ist, so gut wie das Kind Gott Lob wohlauf. Ohne die Unbescheidenheit zu begehen, Ihnen die Mühe einer Reise nach Salzburg abzufordern, können u. wollen wir doch nicht verschweigen, daß wir gerne bereit sind den Zeitpunkt der Taufe ganz Ihren Dispositionen entsprechend festzusetzen, wenn wir dem Neugeborenen hiedurch den Hermann Bahr als Paten auf den Weg mitgeben

348 Deswegen erhielt der Sohn als dritten Vornamen H. (= Hermann).

Rückseite:

können. Ich werde jedenfalls erst zum Pfarrer gehen, wenn Ihr Bescheid eingelaufen sein wird.

Meine Frau schickt Frau Professor wie Ihnen ihre herzlichsten Grüsse und ich bin in alter Treue Ihr aufrichtig ergebener

Latzko
Salzburg, 4/II, 24

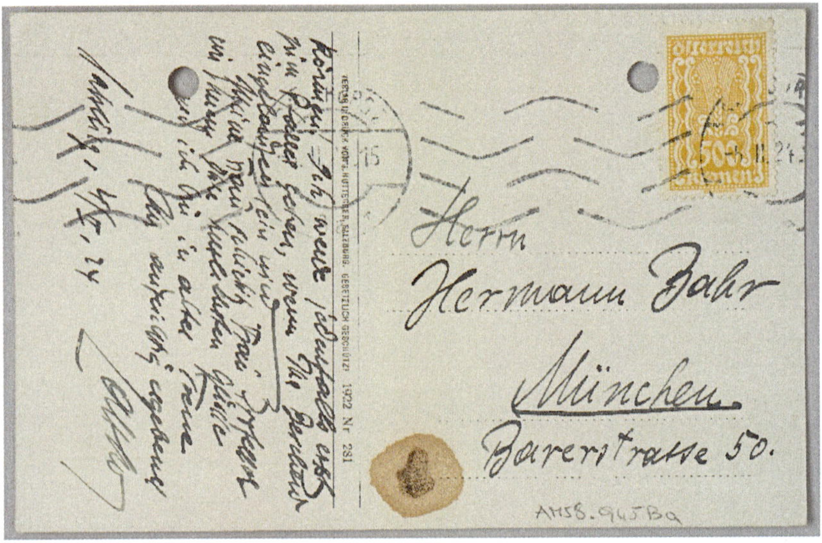

(54) PK Bahr an Latzko, Ms. [Allard Pierson, U. v. A., Hs. Er 40:a(19).]
Absender: Hermann Bahr, München, Barerstr. 50
Herrn Schriftsteller Andreas Latzko, Salzburg, Österreichischer Hof
6. 2. 24

Lieber Freund!

Vor allem herzlichsten Glückwunsch Ihnen und der verehrten lieben gnädigen Frau von uns Beiden, wir sind sehr froh, daß es so gut ging. Ich war gewärtig, allenfalls auch sofort zu kommen, aber wenn es, wie Sie schreiben, nicht eilt, ist es mir lieber, den schlimmsten Anfall meines sehr grauslichen Katarrhs, der eben in seiner Maienblüte steht, hier noch abwarten zu können und erst Sonntag um ¾ 12 hier abzureisen und um halb sechs in Salzburg einzutreffen, wo Sie mir, bitte, das gewohnte kleine Zimmer[349] reservieren lassen: die Taufe wäre also, wenn möglich, für Montag anzusetzen[350] (vermutlich in der Andräkirche, zu der ja auch das Hotel gehört.

Mit herzlichsten Grüßen von uns Beiden an Sie Beide eiligst
Hermann B.

(55) PK Bahr an Latzko, Ms. [Allard Pierson, U. v. A., Hs. Er 40:a(20).]
Herrn Schriftsteller Andreas Latzko, Salzburg, Hotel Österreichischer Hof
München 24. 3. 24

Li<ebe>r Freund!

Herzlichsten Dank für Ihre <li>eben Grüße, die mir meine Schwägerin[351] überbringt. Leider ist sie so prononciert weiblichen Geschlechtes, daß sie natürlich das Wichtigste wieder vergessen hat, nämlich womöglich dieselben beiden Zimmer in Ihrem Stock, die wir zu Weihnachten hatten (ich glaube: 104 und 110, aber mein Gedächtnis ist völlig verkalkt), oder jedenfalls zwei womöglich in einander gehende Zimmer, ein ganz kleines und ein zweifenstriges, dieses jedenfalls mit Ausblick nach der Salzachseite, für uns vom Osterdienstag, also 22. April, ab für etwa eine Woche zu reservieren. Daß ich es wage, Sie mit dieser Bitte zu belästigen, daran sind Sie nur selber in Ihrer ungarischen Liebenswürdigkeit schuld, die mir das letzte Mal Vorwürfe machte, weil ich mich bei der Bestellung an das abstrakte Hotel direkt, statt an das Concretum Ihrer Freundschaft gewandt hatte.[352] Mit den herzlichsten Grüßen von uns allen an die verehrte liebe gnädige Frau und an Sie selbst, von mir aber noch ganz besonders an meinen Täufling

Ihr getreuer Hermann Bahr

349 Im Hotel „Österreichischer Hof“.

350 Sohn Desiderius G. H. Latzko wurde in Salzburg am Montag, 11. Februar, in der Kirche St. Andrä röm. kath. getauft.

351 Ernestine Schlosser (1875–1935), geb. Bellschan von Mildenburg.

352 A. Latzko hätte gerne diesen Freundschaftsdienst geleistet.

(56) PK Bahr an Latzko, Ms. [Allard Pierson, U. v. A., Hs. Er 40:a(21).]

Absender: Hermann Bahr, Barerstraße 50

Herrn Schriftsteller Andreas Latzko, Salzburg, Hotel Österreichischer Hof

[Zur Seite 72, fremde Hand]

3. 4. 24

<Lieb>er Freund!

Herzlichsten Dank für Ihre lieben Zeilen, vor allem aber für das wunderbare Bild,[353] das mir die größte Freude macht. Ich bin ganz ruhig, daß unser Desiderius sich aus allen guten Lehren des Herrn Papa nicht viel machen wird. Mitleid wird so ihn jeder Blick ins Dasein, auf Hohe und Niedrige[354] lehren, aber ich hoffe, daß es ihn nicht schwächen, sondern zur Lebensfreude lenken soll. –

Für die freundliche Besorgung[355] ebenfalls schönsten Dank (mir war angst geworden, die Karte von mir wäre verloren oder Sie vielleicht nicht in Salzburg) – ich freu mich sehr auf Osterdienstag und Sie, die verehrte liebe schöne gnädige Frau und dieses einzige Salzburg – Ihr wisst ja alle nicht, wie schön es ist!

Mit herzlichsten Freundesgrüßen von uns beiden an Sie beide Drei

Ihr alter, in Tagesarbeit verschütteter

Hermann

(57) B Bahr an Latzko, Ms. [Allard Pierson, U. v. A., Hs. Er 40:a(24).]

München Barerstraße 50

[Lochung]. 6. 24

Lieber Freund!

Verzeihen Sie, wenn ich Ihre schöne fruchtbare Salzburger Arbeit und Stille störe durch einen Jammerbrief und mit einer Sie behelligenden Bitte, zu der mir nur die Erinnerung an unsere alte Freundschaft Mut macht! Mir ist es, seit wir uns zum letzten Mal sahen, miserabel ergangen, ich habe Neuralgieen, und in sämtlichen Nerven, die dem Menschen überhaupt verliehen sind, von so schmerzen-

353 Nicht erhalten.

354 Hinweis auf das Interesse und das Gespür A. Latzkos für soziale „Gemengelagen“ (E. Buschbeck).

355 Eines Hotelzimmers im „Österreichischen Hof“.

der Kraft erlitten, daß ich zuweilen am liebsten geheult hätte, wenn das erlaubt wäre. Endlich kam der Arzt auf den glücklichen Gedanken einer Arsenkur,[356] die wenigstens die Schmerzen gestillt hat und allmälig[!] auch meine Schwäche heilen, mich wieder stärker und vielleicht sogar wieder halbwegs arbeitsfähig machen soll. Meine Frau kann erst in der Juliwoche von hier fort, da gehen wir dann auf zwei Monate an den Attersee.[357] Nun ist der Gedanke aufgetaucht, ob ich nicht vorher allein auf zehn oder vierzehn Tage in ein Sanatorium soll. Ich habe sehr wenig Lust und es ist noch ganz unentschieden. Wenn ich mich vielleicht doch dazu entschließe, wäre mir das Sanatorium Parsch[358] noch am liebsten. Es handelt sich wahrscheinlich nur um einen Aufenthalt von kaum zwölf Tagen, ich brauche nur ein kleines einbettiges Zimmer mit Aussicht wohin immer, und die Tätigkeit der Ärzte würde sich auf eine Arseninjektion täglich und vielleicht Verordnung von Bädern beschränken. Nun weiß ich, daß Sie mit dem Chefarzt befreundet oder jedenfalls so gut bekannt sind, daß Sie ihm ruhig von meiner Absicht erzählen und ihn nebenher direkt fragen können, ob er gewillt ist, mir einen „Journalistenpreis" zu machen, wie ihn in Österreich Concordiamitglieder,[359] zu denen ich ja gehöre, fast in allen Anstalten gewohnt sind. Und wenn Sie mit ihm gesprochen haben, dann schreiben Sie mir auf einer Karte bloß: „Concordia bewilligt". Ich wäre Ihnen unendlich dankbar, wenn Sie die Güte hätten, mir das zu besorgen.

Ich hoffe, daß Ihre liebe schöne Frau sammt[!] meinem Täufling sich gesund und glücklich fühlt und daß auch Sie von Ihrer ungewöhnlich großen Begabung, das Leben düster zu sehen, nur mäßigen Gebrauch machen. Bleiben Sie den ganzen Sommer in Salzburg oder gehen Sie wieder ans Meer?

Mit den herzlichsten Grüßen an Sie Alle, auch von meiner Frau,
in alter Freundschaft Ihr Urgreis Hermann Bahr

356 Seit dem 19. Jahrhundert wurden von Ärzten Arsenkuren empfohlen, u. a. „zur allgemeinen Kräftigung bei Asthenikern und Nervösen". (Großer Brockhaus, 1928, zitiert nach: https://www.deutschlandfunkkultur.de/ein-kurioses-nahrungsergänzungsmittel).

357 Ein beliebter Urlaubsort war für H. Bahr der Ort Unterach am südlichen Attersee.

358 Im Salzburger Stadtteil Parsch gab es das 1889 erbaute Sanatorium Breyer, in dem A. Latzko eine Morphium-Entziehungskur gemacht hat. Frau Friderike von Winternitz hielt sich im August 1915 dort auf und schwärmte in einem Brief vom 9. 8. 1915 an ihren späteren Mann Stefan Zweig von diesem Ort: „Es ist wirklich entzückend da." 1936 ging das Sanatorium in Konkurs. (Vgl. Lohmann Harald u. a. (Hg.): Parsch erzählt. Geschichte und Geschichten eines Salzburger Stadtteils, S. 75ff.).

359 Der 1859 in Wien gegründete Journalisten- und Schriftstellerverein („Presseclub Concordia") war/ist eine Standesvertretung.

(58) B Latzko – Bahr, Ts. [Theatermuseum, Wien, AM 20184Ba.]

Salzburg, 18/VI. 24

Lieber sehr verehrter Herr Bahr,—

Ich habe soeben mit Dr. Schwarzwald[360] gesprochen, der sich sehr sehr freuen würde, wenn Sie ihm die Ehre erweisen würden, Gast seines Sanatoriums zu werden. Als Ermässigung bietet er Ihnen dieselbe Ermässigung an, die er sonst Ärzten gewährt, das wären 10% der g a n z e n Rechnung, also auch von Medikamenten, Bädern, etc. Da weder dem Dr. selbst, noch mir die Ermässigungsrate bekannt ist, die für Concordiamitglieder allgemein bewilligt wird, wissen wir nicht, ob Sie dabei günstiger oder ungünstiger abschneiden, der Doktor meint aber, dass eine höhere Ermässigung als für Ärzte kaum für Journalisten vorgesehen sein könne.

Der Preis eines einbettigen Zimmers (Aussicht gegen den Gaisberg zu, wie ich es s. Z.[361] hatte, ich weiss allerdings nicht mehr, ob Sie je in meinem Zimmer waren?) incl. voller Verpflegung u n d allen Medikamenten und ärztliche Behandlung (also auch Injektionen eingeschlossen) würde Ihnen mit täglich

160 000,– (hundertundsechzig tausend) Kronen

berechnet werden, hinzu kämen dann nur noch die Bäder, aber sowohl von dem gesammt[!] Tagespreise als auch von den Bädern würden die besagten 10% abgezogen werden.

Ich hoffe sehr, dass Ihnen die Bedingungen konvenieren, und wir Sie also bald hier haben werden, ich bin überzeugt, Salzburg wird Ihnen wie immer sehr gut tun! Es ist im Übrigen wunderschön oben in Parsch, ich brauche Ihnen gegenüber ja kein Loblied auf die Umgebung Salzburgs zu singen. So sehr meine Frau und ich den Anlass bedauern, der Sie hierherführen soll, wir freuen uns doch mehr als Sie glauben auf Ihr Kommen, und um so mehr, als wir fest auf die Heilkraft der Salzburger Luft gegen die Intoxicationsfolgen[362] der Münchener Atmosphäre vertrauen. Sie wissen ja, dass ich seit vielen Jahren an den schmerzhaftesten Neuralgien um die Tybiaknochen[363] leide, ich

360 Ärztlicher Leiter des Sanatoriums Breyer in Parsch bei Salzburg.

361 = seinerzeit.

362 Vergiftung durch Luftverschmutzung.

363 Tibia = Schienbein.

habe unzähligemale beobachten können, dass Gesammtstimmung[!] und Allgemeinbefinden ungemein die lokalen Schmerzen beeinflussen.

Entschliessen Sie sich also möglichst bald zu kommen, und teilen Sie mir nur auf einer Postkarte den Tag Ihrer Ankunft mit, ich werde Dr. Schwarzwald schon verständigen, und alles Nötige veranlassen.

Ihr Täufling entwickelt sich immer mehr zu einem Wunder an Artigkeit, man hört seine Stimme fast nie (von wem er d a s wohl hat??) er lächelt und lacht immer, ist immer zufrieden (!?), nur zum dick werden[!] zeigt er keine Talente. Dafür wird allgemein behauptet, dass er ein<e> für seine Jugend ungewönlich[!] nachdenkliche und kluge Physiognomie hätte.

Meiner Frau geht es auch sehr gut. Sie lässt sich Frau Professor vielmals und auf das Herzlichste empfehlen. Auch ich küsse Frau Professor die Hände, und bitte sie – und auch Jenny,[364] meine Landsmännin, dass Sie uns nicht lange auf Ihre Ankunft warten lassen!

Mit den wärmsten Wünschen
Ihr getreuer Latzko

(59) PK Bahr an Latzko, Ms [Allard Pierson, U. v. A., Hs. Er 40:a(22).]
Postkarte aus München
Herrn Schriftsteller Andreas Latzko, Salzburg, Hotel Österreichischer Hof

20. 6. 24

<Sehr>[Lochung] verehrter Freund!

Allerherzlichsten Dank für Ihre liebe so rasche und mir so günstige Intervention; und bitte sprechen Sie auch Herrn Dr Schw.[365] für sein Entgegenkommen meinen allerbesten Dank aus. Inzwischen ist es allerdings wieder fraglich geworden, ob ich nicht besser unter der Hut des Münchener Arztes bleiben und erst am 7. Juli dann mit meiner Frau gleich direkt an den Attersee fahren soll. Keinesfalls komme ich vor dem 2{9}. d. Und jedenfalls erhalten Sie von mir noch ein paar Tage vor meiner Ankunft Nachricht. – Dabei fällt mir ein: Sie haben glaub ich eine Gesammtausgabe[!] von Labiche.[366] Würden Sie mir

364 Vgl. Anmerkung 77.

365 Dr. Schwarzwald, ärztlicher Leiter des Sanatoriums in Parsch bei Salzburg.

366 Eugène Labiche (1815–1888), französischer Lustspieldichter.

diese, den Sommer über, gegen einen Eid, ihn im September zurückzustellen, leihen? Mein ausgedörrtes Gehirn braucht einmal Abwechslung!

Nochmals dankend
Herzlichst Ihr alter Hermann B.

Herzliche Grüße auch von meiner Frau an Sie Beide und meinen nachdenklichen Täufling! Und auch Jenny[367] hat sich sehr gefreut, daß Sie ihrer gedachten, und ist sehr stolz darauf!

(60) PK Bahr an Latzko, Ms. [Allard Pierson, U. v. A., Hs. Er 40:a(23).]

Herrn Schriftsteller Andreas Latzko, Salzburg, Hotel Österreichischer Hof

25. 6. 24

Sehr verehrter lieber Freund!

Ich habe mich nun doch entschlossen, bis zum 5. oder 6. Juli hier zu bleiben und dann direkt (das heißt mit einer zwei- oder dreitägigen Unterbrechung in Salzburg, wo, für mich allein, irgend ein kleines, wo immer gelegenes Zimmer im Österreichischen Hof ja disponibel sein wird) an den Attersee zu gehen, und ich bitte Sie, Herrn Dr. Schwarzwald[368] davon zu verständigen und ihm nochmals zu sagen, wie herzlich <dankbar> ich ihm für sein großes Entgegenkommen bin. Es scheint mir nur jetzt rätlich, so lang als möglich in Behandlung desselben, mit allen Narreteien meiner wunderlichen Krankheit schon vertrauten Arztes zu bleiben. Vielleicht darf ich, da ja kaum Aussicht ist, daß ich noch einmal wirklich gesund werde, [später?-Lochung] von Dr Schwarzwalds Anstalt Gebrauch machen.

Mit herzlichsten Grüßen von uns <b>eiden an Sie Drei
Ihr getreuer Hermann Bahr

367 Vgl. Anmerkung 77.

368 Vgl. Anmerkung 365.

(61) PK Bahr an Latzko, Ms. [Allard Pierson, U. v. A., Hs. Er 40:a.]

Herrn Schriftsteller Andreas Latzko, Salzburg, Österreichischer Hof

Unterach[369] 10. 9. 2{4}

Lieber, sehr verehrter Freund!

Wir haben vor, am 15. d. abends nach Salzburg zu kommen und dort etwa vierzehn Tage im Österreichischen Hof zu verbringen. Beide freuen wir uns vor allem auf das Wiedersehen mit Ihrer lieben schönen Frau und Ihnen sowie auf die Inspektion meines Täuflings. Hoffentlich ist auch Freund Pereira[370] da und Thienens[371] kommen wol[!] einmal herüber (ich will übrigens nachher auch über einen Tag nach Katzenberg[372]).

Ich habe im Österr. Hof unsere gewohnten Zimmer bei Ihnen oben bestellt und hoffe, daß meine Karte richtig eingetroffen ist und diese oder ähnliche Zimmer für uns reserviert sind – wenn Sie im Vorübergehen einmal unten fragen, ob das geschehen ist, wäre das sehr lieb: doppelt genäht hält besser.

Herzlichst immer Ihr
Hermann Bahr

(62) B Latzko an Bahr, Ts. [Theatermuseum, Wien, AM 20185Ba.]

Salzburg, 10/III. 25

Lieber, sehr verehrter Herr Bahr, —

anbei bin ich so unbescheiden, Ihnen ein Bild Ihres Patenkindes,[373] zu dem festlichen Anlass seines ersten Geburtstages festgehalten, zu übersenden. Mutter und Kind befinden sich, wie Sie sehen, wohl, hoffen aber mit mir zusammen, dass die

369 Urlaubsort am südlichen Attersee, OÖ.

370 Vgl. Anmerkung 196.

371 Vgl. Anmerkung 214.

372 Schloss Katzenberg in Kirchdorf am Inn. 1895 von dem dänischen Baron Waldemar von Thienen-Adlerflycht erworben. Schloss Neuhaus in Salzburg-Gnigl war seit 1921 ebenfalls im Besitz dieser Familie. Zu den gesellschaftlichen Vergnügungen gehörte dort auch das chinesische Mah-Jongg-Spiel. (Brief von Adolf v. Pereira an H. Bahr vom 20. 5. 1924. Theatermuseum Wien; A 21872 BaM.)

373 Nicht erhalten.

Ostertage Gelegenheit bieten werden, Ihnen noch deutlicher zu demonstrieren, welche Fortschritte das Kind nach jeder Richtung gemacht hat. Er wird entschieden ein Dialektiker, fast möchte ich sagen, dass er oratorische[374] Talente zeigt, und auch seine Beobachtungsgabe lässt das Schlimmste befürchten.

Sonst geht es uns allen gut, mein grosser Sohn[375] ist jetzt in München, in den Bayrischen Motorwerken untergebracht, sehr gut, denn die Zukunft gehört sicher den Motoren, und so kann er dort vorwärtskommen, vorausgesetzt, dass er selbst sich nicht im Wege steht? Auch dass er näher zu uns ist, als in der Breslauer Bank ist ein entscheidender Vorzug. Willychen[376] hatte die Masern, und die Angst meiner Frau, der Kleinste könnte angesteckt werden, war über alle Vorstellung gross. Wochenlang habe ich sie und den Kleinen nur aus der Distanz gesehen.

Ich selbst habe eine sehr gute Arbeitsperiode, wenn sie anhält, werde ich in absehbarer Zeit doch noch mit zwei grösseren Büchern herausrücken können, trotz der Fronarbeit für meinen Seigneur Ir<r>esberger,[377] der sich den teuersten Radioapparat einziehen liess, und nun<,> wenn er nicht vor meinen Fenstern spazieren geht, während ich robote, abends mit dem Kopfhörer das Orchester der Pariser Oper, oder die Jazz Band des Hotel Savoy in London aufspielen lässt. Dafür äußert er sich ab und zu lobend über einzelne meiner Arbeiten, die ihm in irgend einer Zeitung vor Augen kommen. Ein leutseliger und nachsichtiger Chef, bis auf die monatlichen Zahltage, die mich ganz an die Zeit vor der gewaltsamen Aufhebung der Leibeigenschaft erinnern. Der „Zehent" wird immer höher, ohne jedes Anwachsen der Gegenleistung. Bei meiner ohnehin revolutionären Anlage sehr gefährlich.

Entschuldigen Sie das Geschwätz, ich musste den Brief auf eine zweite Seite ausdehnen, damit die inliegende Photographie besser geschützt ist. Und eine leere Seite beizulegen, – das ging über meine Kraft und meinem bekannten Sparsinn zu wider.

Viele ergebene Empfehlungen an Frau Professor, auch von meiner Frau, wir hoffen bestimmt auf ein Wiedersehen zu Ostern

In alter Treue und Verehrung
Ihr Latzko

374 Fähigkeiten als Redner.

375 Sohn Paul, geb. 1903 in Berlin; starb im Sommer 1925 bei einem Verkehrsunfall in der Nähe von München.

376 Sohn aus der ersten Ehe von Stella, geb. 1911 in Berlin, gest. 1950 in Antwerpen.

377 Besitzer des Hotels „Österreichischer Hof".

(63) PK Bahr an Latzko, Ms. [Allard Pierson, U. v. A., Hs. Er 40:a(25).]

6. 4. 25

<Li>eber Freund!

Der Brief, den meine Schwägerin[378] Ihnen geschrieben zu haben schwor, ist offenbar, ihrer Gewohnheit gemäß, nur mit dem Mund geschrieben worden und derlei wird trotz aller Erfindungen noch immer nicht durch die Post expediert. Sie beteuerte Ihnen mitgeteilt zu haben, daß ich seit vierzehn Tagen an einem unüblichen schweren Grippeanfall zu Bette liege – augenblicklich scheint die Grippe überwunden, aber ich werde noch Wochen lang liegen müssen. Verzeihen Sie den Lakonismus[379] dieser Karte und seien Sie selbst sammt[!] Ihrer verehrten lieben Frau u. den Kindern herzlichst gegrüßt von Ihrem alten

Hermann

Bitte sagen Sie Baronin Thienen,[380] der meine Schwägerin vermutlich auch bloß mit dem Mund schrieb, alles Schönste von mir!

(64) B Latzko an Bahr, Ts. [Theatermuseum, Wien, AM 20187Ba.]

Salzburg, 2/VI. 25

Lieber verehrter Herr Bahr,—

ich warte immer, in der Hoffnung endlich gute Nachricht zu hören, und Sie zu einem Rekonvalescenten-Aufenthalt[381] hier zu sehen! Nun sprach ich gestern des[!] jungen Thienen,[382] und sein Bericht klang wenig aufmunternd. Haben Sie denn auch den richtigen Arzt? Ohne die ärztliche Wissenschaft zu überschätzen, weiss ich doch, dass man heute schon über mannigfaltige Mittel

378 Ernestine Schlosser (1875–1935), geb. Bellschan von Mildenburg.

379 Die Kürze.

380 Vgl. Anmerkung 214.

381 Erholungsaufenthalt im Sanatorium in Parsch bei Salzburg.

382 Verm. Wolfgang Freiherr von Thienen-Adlerflycht, der das Schloss Neuhaus in Salzburg-Gnigl besaß.

verfügt, gerade gegen Erscheinungen, wie mir der junge Baron Thienen sie schilderte.

Schimpfen Sie mich nicht, ich glaube doch, dass Sie nicht gut daran tun, sich zu ständigem Zimmerarrest zu verurteilen. Könnten Sie sich nur zu der kurzen Reise bis nach Salzburg entschliessen, es ist jetzt wunderschön, draussen in Parsch, sie sässen am Fusse Ihres Gaisbergs, vorzüglich aufgehoben im Sanatorium,[383] und könnten des weitgehendsten Entgegenkommens sicher <sein>, in jeder Richtung.

Wäre ich nicht so angebunden, längst wäre ich selbst auf die Gefahr hinausgeworfen zu werden, zu Ihnen gekommen, aber ich kann mich ja nicht rühren, seit Monaten „soll" ich zu meiner Mutter,[384] auf einen kurzen Besuch, un<d> muss den Termin immer wieder hinausschieben. Wir sind wohl unberufen alle gesund, aber dafür gibt es andere Stricke, die zu eng angezogen sind, und in's Fleisch schneiden, und das ist auch nicht schön.

Wie Sie von Zweig wissen, sitzt G. Brandes[385] seit mehreren Wochen hier fest, zu seinem, nicht zu unserem Leidwesen,[386] für mich ist er eine wundervolle Erholung, es genügt einen beliebigen Namen zu nennen, von Anzengruber[387] bis Zola[388] oder Clemenceau,[389] sofort sprudeln stundenlang die persönlichen Erinnerungen. Und welches Gedächtnis! Er erzählte uns z. Beispiel den Inhalt Ihres allerersten drammatischen[!] Werkes, das nie gedruckt oder gespielt wurde,[390] dennoch Akt für Akt, auf Grund der einmaligen Lektüre vor 40 Jahren!

383 Sanatorium Breyer in Parsch bei Salzburg.

384 Josefine Latzko, geb. Popper (1852–1929), lebte in Budapest.

385 Georg Brandes (1842–1927), dänischer Literaturkritiker, Philosoph und Schriftsteller. Er besuchte A. Latzko im Mai 1925 in Salzburg. Stella Latzko schwärmte in ihren Erinnerungen von ihm: „Mein Mann korrespondierte mit ihm, aber persönlich kannten wir ihn noch nicht. […] Gleich vom ersten Augenblick an war er so warm und so einfach, so herzlich uns gegenüber, als hätten wir uns schon viele Jahre gekannt, als wären wir unser ganzes Leben lang befreundet gewesen." (Latzko/Latzko-Otaroff: 234).

386 Brandes erkrankte und hatte hohes Fieber. Stella Latzko: „[…] wir befürchteten eine Lungenentzündung. Stefan Zweig schickte sofort ein eisernes Bettkissen, damit Brandes höher liegen konnte." (Ebd., 235).

387 Ludwig Anzengruber (1839–1889), österreichischer Schriftsteller.

388 Émile Zola (1840–1902), französischer Schriftsteller, Maler und Journalist.

389 Georges Clemenceau (1841–1929), französischer Staatsmann der Dritten Republik; zweimal Ministerpräsident, spielte eine entscheidende Rolle bei der Pariser Friedenskonferenz 1919.

390 Unklar.

Sommer über werden wir unbedingt fort müssen, denn den Festspielansprüchen Ir<r>esbergers[391] werden wir keinesfalls gewachsen sein. Kommen Sie bis dahin wirklich nicht mehr hierher, dann richten wir es bestimmt so ein, dass wir über München kommen, und hoffen, dass Sie uns dann für eine kurze Weile wenigstens vorlassen werden. Ich glaube auch kaum, dass wir hierher überhaupt zurückkommen, da Sie auch nicht mehr zu Besuch herkommen, wüsste ich wirklich nicht, was mich noch hierher zurückziehen sollte?

Aber ehe der diesbezügl. Entschluss fällt, hoffe ich bestimmt Sie zu sprechen, beneide sehr den beweglicheren Zweig, der noch im Laufe dieser Woche sich bei Ihnen einstellen wird.

Ihr Patenkind entwickelt sich zu einem sehr hübschen, aber sehr tyrannischen Kind, sein Missfallen wird durch Faustschläge in das nächstliegende Gesicht oder einen kräftigen Griff in die Haare seiner Mutter oder Pflegerin sehr prompt und kräftig geäussert. Sie hätten Ihre Freude an seiner energischen „Persönlichkeit“. Wir sprechen sehr oft von Ihnen und von Frau Professor, die einzigen zwei Lichtpunkte unserer Salzburger Einsamkeit, es wird in erster Reihe Ihre Schuld, wenn wir im Herbst dieser Stadt endgültig den Rücken kehren.[392] Es hält uns wirklich nichts mehr, da Sie Salzburg untreu geworden sind. Ich wollte, ich hätte irgend ein Zauberinstrument aus Tausen<d> und einer Nacht, um Sie über Nacht ohne Ihr Wissen hierher zu versetzen, wären Sie erst nur hier, das übrige würde sich schon ordnen lassen. Wollen Sie nicht doch den Versuch wagen? …

Viele Empfehlungen meiner Frau an Sie beide,
ich selbst bin in treuer, herzlicher Ergebenheit
Ihr alter Latzko

391 Besitzer des Hotels „Österreichischer Hof“. Die Hotelpreise stiegen zur Festspielzeit.

392 Eine Überlegung, die 1931 zur Übersiedlung nach Amsterdam führte. In Salzburg kämpfte A. Latzko hauptsächlich mit dem Wohnungsproblem und dem Gefühl, gesellschaftlich isoliert zu sein.

(65) B Bahr an Latzko, Ms. [Allard Pierson, U. v. A., Hs. Er 40:a(26).]
[diktiert, eigenhändige Unterschrift] München, Barerstr. 50
20. 3. 1926

Lieber Freund!

Dass ich Ihnen für Ihren lieben Brief[393] nicht eigenhändig danken kann, sagt Ihnen schon, wie schlecht es mit mir steht. Den besten Namen für meinen Zustand fand ich neulich bei Fontane, den ich um seiner himmlischen Klarheit willen jedes Jahr wieder einmal lese. Er spricht von einer völligen Nervenpleite. Besser kann man es gar nicht sagen. Der Arzt hofft mich bald soweit zu bringen, dass ich nach Garmisch und dann vielleicht noch höher gehen kann. Es ist sehr lieb vom Schicksal, dass es mich zwingt, wenigstens körperlich ein Höhenmensch zu werden: Euphorion.[394] Ob ich mich jemals wieder, nach Salzburg herab erniedrigen kann, ist ungewiss. Hoffentlich kommen Sie bald einmal nach München!

Mit den herzlichsten Osterwünschen[395] für Sie, die verehrte liebe gnädige Frau und meinen Täufling von uns beiden

Ihr getreuer Hermann Bahr

(66) B Latzko an Bahr, Ts. [schwarzer Rand]

[Theatermuseum, Wien, AM 20186Ba.]
Salzburg, 28/III [o. J., 1926?]

Sehr verehrter lieber Herr Bahr, —

es kamen so verschiedene Informationen über Ihr Befinden, dass ich schon lange eine authentische Nachricht von Ihnen selbst hätte, doch hoffe ich immer selbst nachschauen zu können, gelegentlich meiner Fahrt nach München, wo ich das Grab meines Sohnes[396] für Frühjahr und Sommer herrichten muss.

393 Nicht erhalten.

394 Figur aus Goethes Faust II: Sohn von Faust und Helena; stirbt bei einem übermütigen Flugversuch.

395 Ostersonntag: 4. April 1926.

396 Sohn Paul (1903–1925); er wurde Opfer eines Verkehrsunfalls bei einer Motorradfahrt mit Arbeitskollegen von München zum Starnberger See. A. Latzkos erste Frau Paula Köbel (1971–1919) war ebenfalls in ihrer Geburtsstadt München begraben.

Aber es kam immer wieder Frost, der Münchner Gärtner rät noch eine Weile zu warten, und so kann ich Sie nicht länger verschonen. Baron Pereira[397] hatte Sie nicht sehr wohl gefunden, die Baronin Thienen[398] besser, Buschbeck[399] schrieb mir zuletzt, dass sie beim Theater doch auf Ihr Kommen hoffen, was mich natürlich optimistisch stimmte, nun sehe ich aber noch immer keine definitive Nachricht über Ihre Festrede, und fange an zu fürchten, dass wir nicht ganz sicher sein können, Sie Ostern hier zu sehen?

Das Wetter ist hier sehr mild, Bekannte aus München, die vergangene Woche hier waren, fanden es hier unvergleichlich wärmer und mehr „lenzelnd“[400]<,> heute ist zwar gerade wieder Föhn, aber den werden Sie dort wohl auch haben, und ich glaube sicher, von egoistischen Ratschlägen abgesehen, dass Ihnen die Abwechslung nur gut tun könnte.

Es wäre sehr trübe für uns, wenn Sie uns auch zu Ostern enttäuschen würden, wir hoffen bestimmt das Gegenteil und ich will Sie daher bitten, wieder mich zum Quartiermacher zu bestimmen, damit ich sicher sein kann, dass Sie nach Wunsch untergebracht werden, und nie wieder das „Versehen“ vom Sommer sich wiederholt.

Ihr Patenkind gedeiht unberufen weiter vorzüglich, auch uns anderen geht es leidlich, und mein Roman[401] wird endlich in 6 längstens acht Wochen fertig.

In der Hoffnung bald als Ihr Beauftragter mit Ringler[402] sprechen zu dürfen,

mit dem ergebensten Handkuss an Frau Professor, und den besten Grüssen auch von meiner Frau
in dankbarer Verehrung Ihr getreuer
Latzko

397 Vgl. Anmerkung 196.

398 Vgl. Anmerkung 214.

399 Erhard Buschbeck (1889–1960), Jugendfreund des Dichters Georg Trakl (1887–1914), war mit H. Bahr befreundet. 1909 war er Trauzeuge bei der Heirat von H. Bahr mit Anna Mildenburg in Aigen bei Salzburg. 1918 nahm ihn Bahr mit an das Burgtheater in Wien, wo er bis zu seinem Tod in verschiedenen Funktionen tätig war.

400 Frühlingshaft.

401 Der Roman *Sieben Tage* erschien erst 1931 im Wiener Krystall-Verlag.

402 Nicht ermittelt.

(67) B Bahr an Latzko, Ms. [Allard Pierson, U. v. A., Hs. Er 40:a(27).]

Herrn Schriftsteller Andreas Latzko, Salzburg, Hotel Österreichischer Hof

21. 5. 26

[L]ieber Freund!

Ich hoffe, wenn mir nicht im letzten Augenblick noch mein Nervenzustand wieder einen bösen Streich spielt, nächsten Montag auf einen Tag nach Salzburg zu kommen (um Toldt[403] wegen meines Augenleidens zu befragen), will im Österreichischen Hof wohnen und freue mich so unendlich, Sie selbst sowie Ihre herzlich verehrte liebe Frau und das Pathenkind[!] zu sehen!

Mit den schönsten Grüßen, auch von meiner Frau,
die leider nicht mitkommen kann,
Ihr getreuer Hermann Bahr

(68) B Stella Latzko an Bahr, Ms. [Theatermuseum, Wien, AM 20193Ba.]

Salzburg den 12ten Mai 1927

Lieber Herr Bahr

Ihre Karte[404] habe ich meinem Mann nach Budapest geschickt, wo er seit 4 Wochen ist.[405] Es wird ihm grosse Freude sein, dass Sie an ihn gedacht. Wir haben immer Sehnsucht nach Ihnen, aber leider Sie wollen nicht mehr zu uns nach Salzburg! Hoffentlich geht es Ihnen gut und Sie fühlen sich nicht mehr „uhralt“[!] den<n> für uns sind Sie jung. Kommen Sie doch vielleicht nach Salzburg wir werden uns so freuen. Gerade diese Tagen wir sprechen so viel von Ihnen. Meine liebe gute Freundin, die alte Dame Thienen[406] ist hier,

403 Dr. Anton Toldt (1873–1952), ab 1900 Augenarzt in Salzburg. Sein bekanntester Patient war James Joyce.

404 Nicht erhalten.

405 A. Latzko hielt sich im Frühjahr 1927 wegen seines Nervenleidens zu einer Kur im Liget-Sanatorium in Budapest, VI.Benczurt-Utca, auf. Er machte eine Papaverinkur, d. i. eine chemische Substanz mit krampflösender Wirkung. (Brief an Stefan Zweig vom 24. 3. 1927, vgl. Weichselbaum 2018: 54–55)

406 Vgl. Anmerkung 214.

die Sie so gerne hat und stolz ist dass Sie ihr <einen> Brief geschrieben. Sie lässt Sie vielmals grüssen.

Mein armer Mann hat diesen Winter sehr an Magenschmerzen gelitten, darum ist er wieder in Budapest. Bis jetzt in Sanatorium gewesen, jetzt ist er bei seinem Bruder auf das Gut und ich hoffe die Landluft wird ihm gut tun. Mann[!] hat Magengeschwüre[407] bei meinem Mann gefunden, die aber Gottlob nicht bösartig sind, aber doch immer wieder schmerzhaft. Und gute Pflege braucht er halt, was sehr schwer ist, wenn man im Hotel wohnt.

Bitte grüssen Sie herzlichst Frau Professor von mir. Mit Ihrem Patenkind können Sie zufrieden sein, er ist sehr herzig. Er will immer ein Soldat sein, ein Gewehr möchte er haben, was er nie bekommt von seinem Vater. Das schreibe ich Ihnen damit Sie einmal meinem Mann sagen, wenn er Sie böse macht.

Bitte verzeihen Sie für mein Deutsch und dass ich Ihre Zeit geraubt.

Von Herzen wünsche ich Ihnen gute Besserung und uns<,> Sie bald wiederzusehen.

In Verehrung Ihre Stella Latzko

(69) B Latzko an Bahr, Ms. [Theatermuseum, Wien, AM 20188Ba.]

Amsterdam, 17/VII 33.

Amsterdam, Cliostrasse 20[408]

Lieber sehr verehrter Herr Bahr,—

Ihr siebzigster Geburtstag[409] darf nicht vorübergehen, ohne dass wir Ihnen für alle Freundschaft und alles Schöne das Sie uns geschenkt, von Herzen Dank sagen würden.

407 Solche wurden später als Todesursache angegeben. A. Latzko starb am 11. 9. 1943 in Amsterdam.

408 A. Latzko übersiedelte mit Familie 1931 von Salzburg nach Amsterdam. Stellas Sohn Willy hatte in Amsterdam eine feste Stelle erhalten, womit sich die finanzielle Lage der Familie stabilisierte. Die erste Wohnung lag in der Cliostraße, später (um 1940) zog die Familie in eine kleinere Wohnung am Merwedeplein (Merwedeplatz) um.

409 H. Bahr wurde am 19. Juli 1863 in Linz geboren. Er war jetzt beim 70. Geburtstag nicht mehr in der Lage, auf die vielen Geburtstagsglückwünsche zu antworten; stattdessen schickte seine Frau an alle Gratulanten eine Dankeskarte mit folgender Nachschrift: „Für meinen Mann, der durch seine eben jetzt besonders angegriffene Gesundheit außerstande ist, die zahllosen Freundschaftsbeweise zu seinem Geburtstag entgegen zu nehmen und zu erwidern, danke ich von ganzem

Nun sind wir ja weit auseinander gekommen, unser Willy hat seit 3 Jahren eine sehr schöne Anstellung gefunden in Amsterdam. (Dank der freundschaftlichen Vermittlung der Moissis,[410] die hier zufällig einen kunstfreundlichen grossen Bankhalter kannten) und so leben wir jetzt seit bald 2 Jahren alle hier zusammen, Ihr Patenkind,[411] das sich sehr gut entwickelt, hat eben die 4te Volksschulklasse in holländischer Sprache absolviert, und ist der Primus seiner Klasse geworden, trotz Sprache und Schriftwechsels.[412] Er ist auch sonst (unberufen!) physisch wie geistig so, dass sich sein Pathe[!] seiner nicht zu schämen braucht – einstweilen!

Wir hoffen sehr und von Herzen, dass Ihr Siebzigster Sie wohlauf findet, und dass wir – wenn es uns einmal so gut geht, dass wir die weite Reise machen können, Sie in guter Gesundheit wiedersehen! Das Patenkind würde selbst schreiben, leider liegt es seit 3 Tagen mit unschuldigen Windpocken nur, aber immerhin krank zu Bette.

Zum 80ten gratuliert <er> fürchte ich in Versen, denn leider zeigt er alle möglichen u. unmöglichen Anlagen für den Beruf des Pathen[!] u. des Vaters, vor allem ein katastrofales[!] Gedächtnis, und wenn nicht schönes Wetter und die Gelegenheit Fussball zu spielen es hindern, liegt er täglich 5–6 Stunden über Büchern, die er wahllos verschlingt.

Glücklicherweise wohnen wir am Rande einer Fussballwiese, die kann mehr über ihn, als ich.

Viele herzliche Glückwünsche auch an Frau Professor,
in alter, dankbarer Freundschaft
Ihr aufrichtig ergebener Latzko

Herzen, hoffend, daß in absehbarer Zeit er selbst allen denen danken kann, die seiner gedacht haben. Anna Bahr Mildenburg. München, im Juli 1933, Bauerstrasse 28." – Aus: Bahr/Kvapil 2007: 454.

410 A. Latzko hatte zu dem weltbekannten Schauspieler Alexander Moissi (1879–1935) ein freundschaftliches Verhältnis. Sie trafen wiederholt in der Schweiz, in Berlin und in Salzburg zusammen, wo Moissi bis 1931 den ersten Jedermann bei den Festspielen gab.

411 Desiderius/Dirk G. H. Latzko (1924–2017).

412 Von der Kurrent- zur lateinischen Schrift.

[Anhang von Stella Latzko:]

Sehr sehr lieber Herr Bahr

Auch ich möchte Ihnen sagen, dass ich Ihnen alles Gute wünsche nicht nur an Ihrem Geburtstag sondern immer. Ich werde nie vergessen Ihre tiefe Freundschaft zu uns, habe immer in grosser[!] Dank an Sie gedacht. Unvergesslich die schönste<n> Zeiten, die wir mit Ihnen verbringen durften.

Gebe Gott Ihnen Gesundheit und schöne, sorglose viele Jahre![413]
Mit besten Grüssen an liebe Frau Professor
Ihr Ihnen sehr ergebene dankbare Stella Latzko
Latzko[414]

413 H. Bahr starb am 15. Jänner 1934 in München. Er wurde später auf dem Kommunalfriedhof der Stadt Salzburg in einem Ehrengrab beigesetzt.
An Stefan Zweig schrieb A. Latzko aus Amsterdam am 20. 1. [1934] Folgendes: „Ich muss Ihnen aufrichtig sagen, es ist mir lieb für Hermann Bahr, dass er die Angst vor dem Gespenst, das die letzten Jahr z e h n t e schon an ihm frass, endlich pour de bon [= ernsthaft, für immer] los ist. […] Er war ja auch schon lange ausgehöhlt von Todesangst und spielte sich selbst einen fanatischen Dogmenglauben vor, wie Kinder singen im finsteren Zimmer. Zu tiefst innen hat dieser Anaesthesieversuch sicher nicht ganz gewirkt." In: Weichselbaum 2018: 99.

414 Verm. Unterschrift des Patenkindes Desiderius / Dirk Latzko.

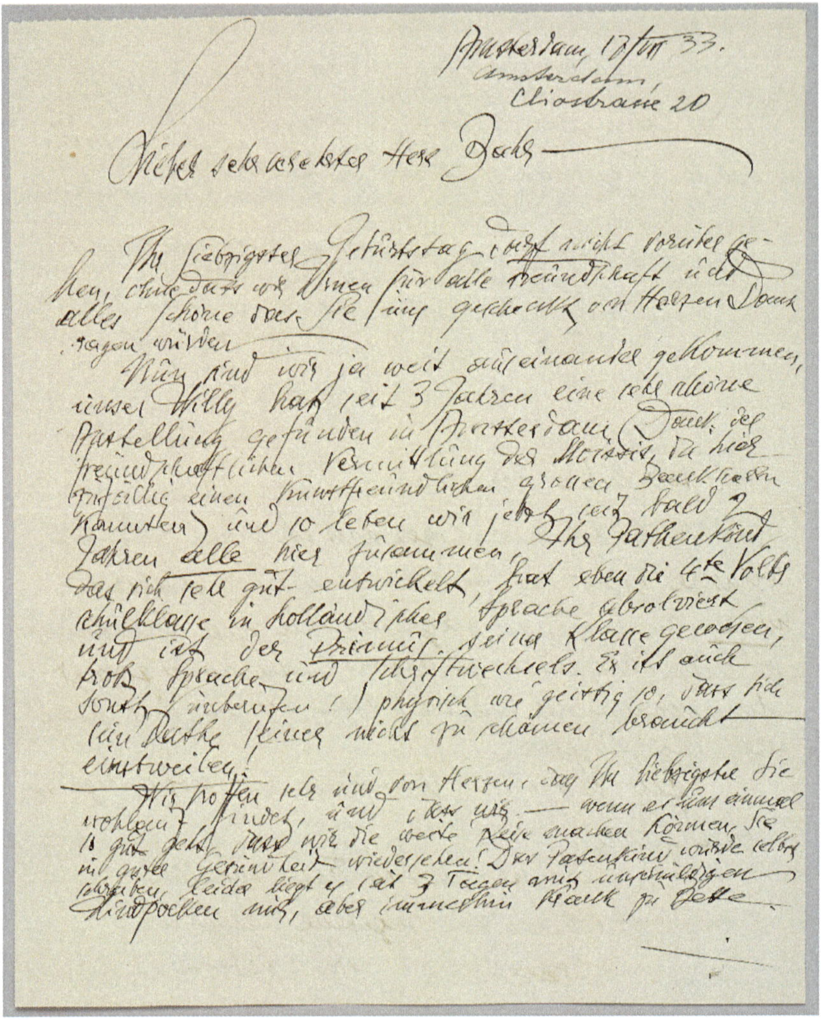

Amsterdam, 17/VIII 33.
Amsterdam,
Cliostraße 20

Lieber sehr verehrter Herr Bach —

Ihr siebzigster Geburtstag darf nicht vorüber gehen, ohne dass wir Ihnen für alle Freundschaft und alles Schöne, das Sie uns geschenkt, von Herzen Dank sagen würden.

Nun sind wir ja weit auseinander gekommen, unser Willy hat seit 3 Jahren eine sehr schöne Anstellung gefunden in Amsterdam (Dank der freundschaftlichen Vermittlung des Moissis, der hier zufällig einen kunstfreundlichen grossen Bankherrn kannte) und so leben wir jetzt seit bald 2 Jahren alle hier zusammen. Ihr Pathenkind, das sich sehr gut entwickelt, hat eben die 4te Volksschulklasse in holländischer Sprache absolviert und ist der Primus seiner Klasse gewesen, trotz Sprache- und Schriftwechsels. Er ist auch sonst (unberufen!) physisch wie geistig so, dass sich sein Pathe seiner nicht zu schämen braucht einstweilen!

Wir hoffen sehr und von Herzen, daß Ihr Siebzigster Sie wohlauf findet, und dass wir — wenn es Ihnen einmal so gut geht, dass wir die weite Reise machen können, Sie in guter Gesundheit wiedersehen! Das Patenkind würde selbst schreiben, leider liegt er seit 3 Tagen mit unschuldigen Windpocken, aber immerhin krank zu Bette.

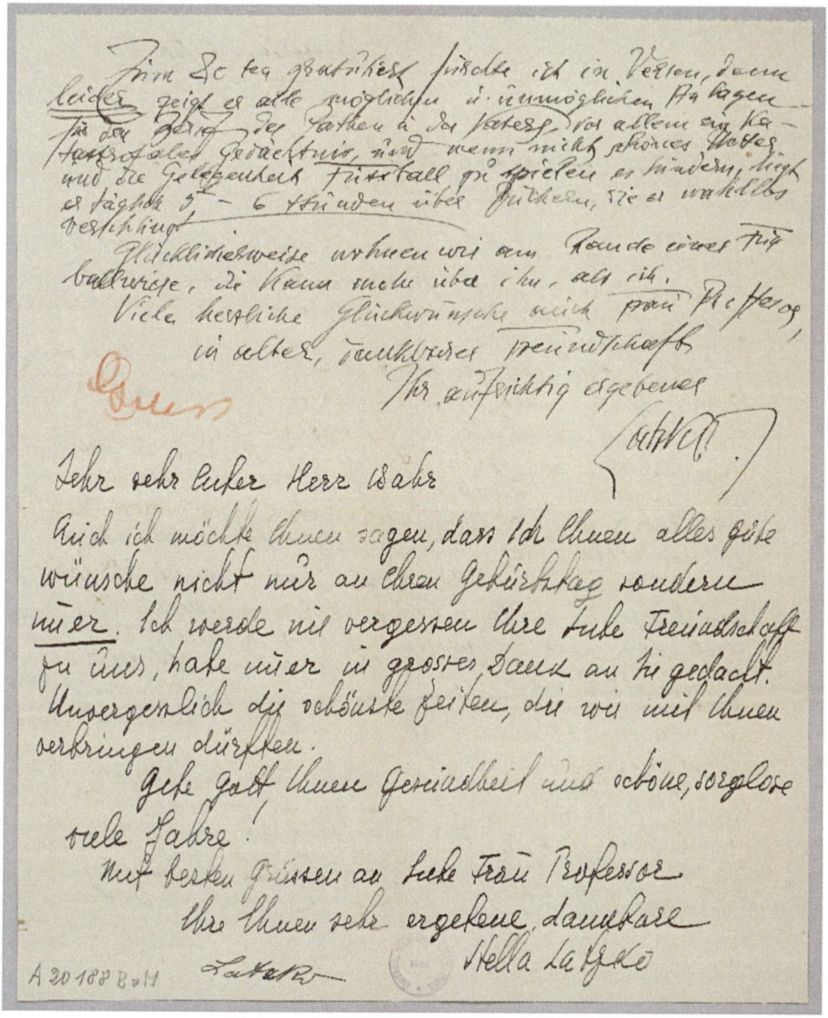

Zum 8ten Geburtstag frischte ich in Versen, denn leider zeigt er alle möglichen u. unmöglichen Anlagen für den Beruf des Vaters u. des Vaters, vor allem ein katastrofales Gedächtnis, und wenn nicht schönes Wetter und die Gelegenheit Fussball zu spielen es hindern, liegt er täglich 5 – 6 Stunden über Büchern, die er wahllos verschlingt.

Glücklicherweise wohnen wir am Rande einer Fussballwiese, die kann mehr über ihn, als ich.

Viele herzliche Glückwünsche auch Frau Professor,

in alter, dankbarer Freundschaft

Ihr aufrichtig ergebener

Latzko

Sehr sehr lieber Herr Bahr

Auch ich möchte Ihnen sagen, dass ich Ihnen alles gute wünsche nicht nur an Ihrem Geburtstag sondern immer. Ich werde nie vergessen Ihre liebe Freundschaft zu uns, habe immer in grosser Dank an Sie gedacht. Unvergesslich die schönste Zeiten, die wir mit Ihnen verbringen durften.

Gebe Gott Ihnen Gesundheit und schöne, sorglose viele Jahre!

Mit besten Grüssen an liebe Frau Professor

Ihre Ihnen sehr ergebene, dankbare

Hella Latzko

Latzko

(70) B Anna Bahr-Mildenburg an A. Latzko

[Theatermuseum, Wien, P 1000560]
München, 19. Nederlingerstr. 59
den 19. Dez. 1936.

Sehr geehrter lieber Herr Latzko!

Sie im Besitze von Briefen meines geliebten Mannes wissend, spreche ich die herzliche Bitte aus, mir dieselben für einige Zeit zur Abschrift zu überlassen oder sie mir bereits in Abschrift zu übersenden. Es ist ja vorläufig gar keine Aussicht, dass in absehbarer Zeit eine Briefausgabe erscheinen kann, so sehr dies mein Wunsch wäre, aber die Zeit steht ihm entgegen. Mein Bestreben ist es nur, noch selbst möglichst viel Material einzuholen, Bausteine zusammen zu tragen, damit später einmal das Werk meines Mannes klar und übersichtlich der Welt bis ins Letzte offenkundig werden kann.

In meinem Hermann-Bahr-Archiv habe ich 30 Briefe von Ihrer Hand und kann mit Gewissheit sagen, dass sich in Ihrem Besitz auch entsprechend Gegenbriefe befinden und mit diesen mein Material zu bereichern, wäre mein großer Wunsch.

Wie gern möchte ich wieder einmal von Ihnen und den Ihren hören – für heute seien Sie Alle herzlich gegrüsst von

Ihrer ergebenen
Anna Bahr Mildenburg

Anhang:

Zwei Erzählungen von Andreas Latzko

Der Reiskönig

In Nordfriesland, wo die Menschen um zwei Köpfe länger geraten als im ganzen restlichen Deutschland, war der alte Landrat Stürenburg weithin berüchtigt als ein Mann, dem man besser aus dem Wege ging. Er sah mit zwei kalten, wasserhellen Augen, die tückisch und ruhelos waren wie das Meer, das sie täglich spiegelten, seinen Mann zuerst mit aufgerissenen Lidern an, und von diesem Blick bis zu einem weiten Ausholen der Reitgerte, die er nur nachts aus der Hand legte, war es ein verdammt kurzer Weg.

Zwei Söhne hatte ihm seine Frau in dreijähriger Ehe geboren, dann war sie eines Tages verschwunden, durchgebrannt, niemand wusste wohin und warum. Die Feinde sagten, er habe sie eben nach seiner Art behandelt. Die Dienerschaft aber schwor, er sei zärtlich und verliebt gewesen, und so schlimm erst geworden durch das Unglück.

Die Kinder, die bei ihm zurückgeblieben waren, behandelte er wie ein Dompteur seine renitenten Raubtiere. Der Hass gegen das Weib, das sie geboren hatte, sah in jedem unschuldigen Bubenstreich ein Erbteil des lockeren Blutes, und die Hetzpeitsche klatschte, mit fanatischer Verbissenheit geschwungen, als gälte es den Teufel auszutreiben.

So kam es, dass niemand richtig erstaunt war, als eines Tages die Nachricht umlief: der junge Kurt von Stürenburg habe es wie seine Mutter getan. Die Polizei durchstöberte nur lässig die Wälder, die Sympathie der ganzen Insel war mit dem Sohn, und als es allmählich aufkam, dass der Hafenwärter den Jungen in seinem Holzkeller verborgen hielt, regnete es jede Nacht Liebesgabenpakete in das unterirdische Versteck, bis endlich die Nachforschungen endgültig eingestellt wurden, das Hafenkommando von Husum nicht mehr jeden Kahn unter den Scheinwerfer nahm, und der alte Wächter seinen Schützling gefahrlos hinüberrudern konnte zum Nachtzug nach Hamburg.

Für einen Augenblick wurde es dem jungen Stürenburg doch schwer ums Herz, als er so allein dastand in der Nacht, ein Einzelner gegen die ganze Welt, nur mit hunderteinundsiebzig Mark und einem schlaffen Rucksack für den ungleichen Kampf ausgerüstet. Aber er legte die Hand rasch auf den Rücken, wo das Hemd immer noch hart an den blutigen Striemen klebte, und zog dann los, die Lippen fest zusammengepresst, als hielte er das Tau zwischen Zähnen, das ihn hinausziehen sollte aus der unwürdigen Sklaverei.

Während der ersten Wochen, die folgten, litt Kurt von Stürenberg oft hart an Heimweh, selbst nach der Hetzpeitsche seines Vaters. Denn auf den kleinen Küstendampfern, die fast immer in einem Hafen übernachten, vertrinken die Matrosen sich am allerschlimmsten; und ein Schiffsjunge, dessen schneeig leuchtende Haut von weitem den Herrensohn verrät, ist eine unwiderstehliche Herausforderung, sich für die eigene Verkommenheit an ihm zu rächen. Über irgendein Hafenspital wäre der Flüchtige wahrscheinlich bald wieder seinem Vater zurückgeliefert worden, hätte nicht, nach zwei Monaten solchen Hundelebens, ein glücklicher Zufall ihn gerettet.

Im überfüllten Hamburger Hafen kam der verwahrloste, übelriechende Kasten neben die „Sybille" zu ankern, die Tag und Nacht unerschöpfliche Warenmengen für Indien in sich einschlang. Mit der Andacht eines Wallfahrers betrachtete Kurt die sauberen Decks, die weiße Brücke des glücklichen Nachbarn, der in wenigen Wochen den Indischen Ozean durchqueren, umschwärmt von den Einbäumen nackter Hindus vor Palmenwäldern ankern würde.

Sein Herzschlag setzte aus, als er um Mitternacht die Runde machte, und auf der „Sybille" jemand ein Lied sang, das nur auf den Friesischen Inseln bekannt war. Der Landsmann drüben lachte geräuschvoll über Kurts glühende Phantasien von tropischer Pracht, und merkte gleich, das Zeug sei aus dämlichen Büchern zusammen geschmökert. Soviel Bildung war ihm verdächtig an Bord eines schmierigen Kastens. Kurt musste ihm seine Geschichte erzählen, und es zeigte sich, dass der Matrose den Vater persönlich kannte. Der „alte Satan" hatte ihm einmal in Brunsbüttel mit der Peitsche über das Gesicht geschmiert, weil er der Equipage nicht schnell genug aus dem Weg gesprungen war. Es musste schon nicht bequem sein, solch einen alten Schinder zum Vater zu haben, aber die Stellung auf diesem Seelentränker war auch nicht das Rechte. Vielleicht ließ der zweite Offizier der „Sybille" mit sich reden? Eigentlich bekam das Schiff die Bemannung von der Direktion zugeteilt, aber wenn ein Matrose unterwegs erkrankte, wurde der Ersatzmann vom zweiten Offizier geheuert. Es sollte jedenfalls nichts unversucht bleiben, den jungen Landsmann aus seiner schlimmen Lage zu befreien.

Den nächsten Tag verbrachte Kurt von Stürenberg in Fieber, war schon entschlossen, sich umzubringen, wenn die „Sybille" ohne ihn in See stach, da flog endlich spät abends eins schweres Stück Maschineneisen zu ihm herüber, eingewickelt in einen Zettel, der in abenteuerlicher Orthographie genaue Instruktionen enthielt. Er sollte, sobald die „Sybille" den blauen Peter herunterholte und schon die Anker lichtete, möglichst unbemerkt über Bord springen, die Lotsenleiter hinauf klettern, und sich hinter dem Rettungsboot auf Steuerbord verkriechen. Am Morgen wollte ihn dann der Matrose wie zufällig entdecken, vor den zweiten Offizier schleppen, und bis Gibraltar, wo das Schiff zum erstenmal kohlte, würde die Sache sich schon irgendwie drehen lassen.

„Unsa Kapitähn is en jemütliches Haus“ – lautete der letzte Satz des Fetzens, den Kurt in seinem Schuh verbarg, und so oft er nur konnte heimlich in einer Ecke durchstudierte. Er zog die drei Hemden, die er besaß, übereinander an, wickelte die Photographie seines Bruders und seine Schulzeugnisse in ein Stückchen Wachstuch, und kniete, als es Nacht geworden war, auf ein Tau, das ihm tief ins Fleisch schnitt, um durch diese Kasteiung Gott zu erweichen.

„Verlass mich nicht mein Herr Jesus Christ, hilf mir nur dieses eine Mal, ich will fromm sein und dir danken mein ganzes Leben lang!“ – betete Kurt von Stürenburg, in dessen verschüchterter Phantasie der liebe Gott als vergrößerte Ausgabe seines Vaters lebte, hart, misstrauisch, immer zum Strafen bereit; gnädig nur, wenn es gelang, ihm mit verzweifelten Gelöbnissen in den Arm zu fallen.

Das Beten half, denn der Kapitän ging um neun Uhr an Land, die Mannschaft ließ sich auf Achterdeck zum Kartenspiel nieder, kein Mensch war in der Nähe, als Kurt über Bord sprang. Erst auf der Strickleiter der „Sybille“ vermeinte er durch das Brausen seines Blutes Stimmen zu vernehmen, die seinen Namen riefen. Aber die Schraube begann schon zu arbeiten, der Hafen lief zurück, die Schiffe flossen zu einer schwarzen Masse zusammen, nur die vielen Laternen auf den Mastspitzen glitzerten noch, wie ein gestürzter Sternenhimmel, über dem öligen Wasser. Dann ging auch der Lotse von Bord, zitternd schob sich die „Sybille“ in die uferlos rauschende Dunkelheit, – – – Kurt war gerettet.

*

Als das Mittelmeer den parfümierten Atem seiner Küsten um die „Sybille“ schlug, waren auch die Menschen, die so grausam bärbeißig getan hatten im schneidenden Nebel der Nordsee, viel weicher und warmherziger geworden; niemand dachte mehr daran, den Eindringling einer Hafenpolizei zu übergeben. Das Schiff zerschnitt knisternd die stahlblaue Seide, Sizilien, der Garten Europas glitt vorbei; Kurt sah mit Tränen banger Reue den Erdteil, dessen rauchige Werkstätten und frostige Kellerräume er nur gekannt hatte, mit solchem Abschiedslächeln hinter sich versinken.

Dann fiel der Orient über ihn her, wild gestikulierend, grell, laut und unsolid, wie daheim nur das Jahrmarktstreiben; und unter dem niederen zitronengelben Abendhimmel Ägyptens glitzerte die Schwelle des Ostens; eine schmale Wasserklinge zwischen zwei Weltteilen, von Gewinngier der Menschen auseinandergerissen.

Kurt wusste, was rechter Hand lag, war Afrika; das erstarrte Sandmeer links war die Wüste Asiens, einst der Mutterschoß allen Lebens, jetzt nackt, runzelig, verdorrt, wie die Brust einer Großmutter, der hungrige Kinder vor Jahrtausenden alle Nährkraft ausgesogen. Er wusste – – – wusste, dass diese finsteren Konturen Erde waren, auf die er den Fuß setzen konnte, nicht mehr eine Zeichnung nur aus dem Papier der Landkarte. Aber wenn er einen Augenblick vergaß es sich zu wiederholen, wenn er es sich nicht gewaltsam immer wieder ins Gedächtnis rief, dass der Bergkogel mit dem hohen Wolkenschopf der Sinai war, das Meer, in das sie eben einfuhren, sich einst geduckt hatte zu Füßen des Volkes, das der Herr geleitete, wenn er sich nicht bewusst dazu zwang seinen Sieg auszukosten über die Ferne, die eingeholt von seinem Willen nun aufgehört hatte Ferne zu sein, – – – dann verwelkte das Märchen, alles wurde selbstverständlich, wie eine Fahrt von Hussam nach Brunsbüttel.

Immer, wenn Erfüllung unsre Träume defloriert, steigt so das wehe Misstrauen in uns auf, die Übervorteilten zu sein, nichts Gleichwertiges erhalten zu haben für die Goldmünze unserer Sehnsucht. Der störrische Glaube der Jugend: dem eigenen Ich entflohen, ein neues Leben spielen zu können, wenn statt der Eichen und Birken Palmenwälder den Hintergrund stellen, welkte bald in der Tropensonne, und das Auge, schnell gesättigt, wandte sich nach innen, wo Heimweh alle Erinnerungen mit Herbstgold bestrahlte.

Aber Kurt von Stürenburgs stählerner Wille duldete nicht lange diesen melancholischen Zweifel. Er sah die Schiffe heimwärts fahren, von Kaffee, Tee, Gummi, Bananen, Kopra und Reis tief ins Wasser gedrückt, der glühende Atem der Nacht warf die Hoffnung wie Fieber in sein Blut, und zum zweiten Mal seit der gelungenen Flucht kniete er auf ein hartes Tauende nieder, sprach zu Gott mit einer verbissenen, grimmigen Inbrunst, als gälte es der allmächtigen Hand in hartem Ringen Finger um Finger zu öffnen:

„Lasse mich reich werden, lieber Gott. Ich habe nicht gesündigt wider dein Gebot, hätte gerne Vater und Mutter geehrt, aber Mutter ist uns davongelaufen, und Vater hat Unrecht an mir getan, bei meiner Seele Heil, er war ungerecht. Lasse mich reich werden, du mein Vater im Himmel, ich will gewiss nicht rachsüchtig sein, sondern verzeihen, meinen Schuldigern, und ganze Schiffe voll Geschenken meinem Vater schicken, nicht aus Hochmut, nur um ihm zu zeigen, dass ich seinen Zorn nicht verdient habe. Ich will Gutes tun und allen Armen helfen, und dir danken, Herr im Himmel, – – – lasse mich nur reich werden, lieber Gott, mache mich reich!“ – – –

*

Über das Glück des Herrn von Stürenburg, der als Schiffsjunge nach Indien gekommen war, und in kaum fünfzehn Jahren den Namen „Reiskönig“ sich erworben hatte, über seinen märchenhaften Reichtum und seine sonderbare Ehe mit einem singhalesischen Bettelmädchen, zirkulierten ebensoviele Versionen, als deutsche Schiffe durch die Malakkastraße fuhren. Der schneeweiße Marmorbungalow, hoch im Palmengekröse von Penanghill, zog von weitem alle Ferngläser auf sich; und die andächtige Schilderung dieses fürstlichen Hauhaltes war von Georg-Town bis Singapore der einzige Gesprächsstoff bei den Table d’hotes.

Der übliche Stoßseufzer, der solche Unterhaltungen über fremde Geldsäcke unfehlbar abschließt: „Der könnte uns ruhig einige Millionen abgeben, es blieben ihm noch genug“, wurde mit der Zeit von jenem Zwinkern und Zungenschnalzen abgelöst, das Männer untereinander zu gebrauchen lieben, um menschliche Wesen weiblichen Geschlechtes als „gute Bissen“ zu charakterisieren. Man sprach dann mit der Begeisterung von Fachleuten über die einzige Tochter des Nababs, über ihre märchenhafte Schönheit, aus allen Vorzügen der singhalesischen und der germanischen Rasse gemischt. Nicht ganz so braun wie die Mutter, schien sie aus edelster Goldbronze gegossen, und trug die hellen Augen eines verträumten deutschen Gretchens von der Waterkant in dem wie Kupfer funkelnden Gesicht. Ein Fabelwesen nannte man sie, halb Tropengewächs und halb Europäerin, trotz Bildung und Scharfsinn umstrahlt von der weichen, kindlichen Anmut der Singhalesen, die Buddhas tausendjähriges Gebot: sich jeder Fleischnahrung zu enthalten, von allen Raubtierinstinkten der Menschennatur gereinigt hat.

Eine Art Wallfahrtsort, so erzählt man, wäre der Palast im Urwald gewesen, als Sybille von Stürenburg das mannbare Alter erreicht hatte, und die herrlich geformten kleinen Metallbrüste die europäischen Blusen zu durchbohren begannen, wie neugierige Augen, die es nicht erwarten können, einen Mann zu sehen. Zu jedem einfahrenden Postdampfer schickte der Reiskönig feine Wagen und Automobile hinunter, und von den Tee-, Kaffee-, Reis- und Gummieinkäufern der großen Handelshäuser bis hinauf zu den weltumsegelnden Fürstensöhnen kam kein Europäer durch die Straße, ohne den Tribut rasender

Verliebtheit gezahlt zu haben der „Loreley des Ostens". Die Gefeierte ließ sich anbeten, heute von einem jungen Maharadjah, der ihr taubeneigroße Brillanten zu Füßen legen wollte und sie beschwor, ihre schokoladebraune Hand nur ja nicht einem hochmütigen Europäer zu geben; morgen von einem fischäugigen Engländer, den sie im Tennis schlug, oder so lange um die Insel zu galoppieren zwang, bis er aus Angst vor ihrer Ausdauer sich nicht mehr in die Nähe wagte; – – – zwischendurch verschlang sie Tausende französische Romane, träumte auf der kühlen Marmorterrasse von Europa, das sie sich von überlegenen, zart empfindenden Kulturmenschen bevölkert vorstellte, und erreichte so ihren neunzehnten Geburtstag, immer von glühendem Verlangen bestürmt, selbst ein überhitzter Dampfkessel, wider Willen im Zaum gehalten von dem kühlen, deutschen Verstand, der sie anspruchsvoll und misstrauisch machte.

Der „Reisköng" ließ sie gewähren, schüttete alle Zärtlichkeit, die seine unfrohe Kindheit in ihm angesammelt hatte, über diesen einzigen Sinn seiner Lebensarbeit aus, und lachte beseligt, wenn sie, an seinem Hals hängend immer wieder erklärte, sie habe Pech gehabt: den einzigen Mann, für den es sich gelohnt hätte, das Elternhaus zu verlassen, habe ihr der liebe Gott zum Vater gegeben, und so denke sie nicht daran, sich aus diesem Paradies entführen zu lassen.

Auf einmal aber wurde es still um die weiße Residenz im Palmenwald, die Wagenkolonne rasselte nie mehr zum Hafen hinunter, selbst alle Freunde des Hauses mussten mit ihrer Rikscha vor dem geschlossenen Gartentor umkehren, denn der „Reiskönig" empfing keine Gäste, wollte Menschen überhaupt nicht mehr sehen, seit ihm die einzige Tochter, Wappen und Flagge seines Lebens, ohne Abschied davongelaufen war, genau wie er selbst es einst seinem Vater angetan hatte. Für einen windigen preußischen Marineoffizier, der viermal nur, während sein Schiff im Hafen ankerte, dem dummen Mädel schön getan hatte, konnte sie zwei Jahrzehnte abergläubischer Liebe aus der Erinnerung löschen, Vater und Mutter in der Verzweiflung zurücklassen, um das „Glück" auszukosten, das ihr ein Lumpenkerl bot, der es über sein Gewissen brachte, ein Mädel, so lebensfremd und maßlos verwöhnt wie die „Reisprinzessin", in das nüchtern-kaltherzige, von Hochmut und Geiz regierte Milieu einer nordischen Offiziersfamilie zu verschleppen! Kurt von Stürenburg schrie vor Schmerz, wenn er sich vorstellte, wie diese beschränkten, selbstgerechten Pastoren und Beamtenfrauen sein wild und gerade aufgeschossenes Kind zu Tode nörgeln und denaturieren würden. Er hohnlachte über den Trost seiner Frau, die ihm einzureden suchte, Sybille werde zurückkehren. Hatte sie nicht

Stürenburgisches Blut in den Adern? Lieber würde sie an Nadelstichen verbluten, als reumütig zuzugeben, dass sie sich geirrt habe.

Sein Leben hatte nun keine Freude, seine Arbeit kein Ziel mehr; er beschränkte sich darauf durch seinen Anwalt in Singapore halbjährlich eine respektable Anzahl von Pfundnoten der ungeratenen Tochter übersenden zu lassen, denn vor ihrem Gelde, das wusste er, würden die Leute kriechen, trotzdem sie eine Halbasiatin war, mit farbigem Blut in den Adern, undiszipliniert, keiner Falschheit, keines Kriechens, keines blinden Respekts vor Titeln, Würden, Überlieferungen und Vorurteilen fähig. Warf sie aber nur, wie sies gewohnt war, mit hohen Banknoten um sich, dann würden die Menschen sich wohl hinter ihrem Rücken bekreuzen über die sündhafte Verschwendung, aber ihre Freiheit blieb gesichert. Und das war alles, was er jetzt noch für sie tun konnte, da sie es für gut befunden hatte, das Glück gerade in dem Land zu suchen, dem ihr Vater entflohen war.

Seiner Frau stellte er es frei, mit der Tochter zu korrespondieren, gab ihr sogar die Erlaubnis, mit seinem Sekretär und einer farbigen Dienerin nach Europa zu reisen, als Sybille die bevorstehende Ankunft des ersten Enkelkindes anzeigte. Er selbst erlegte bei der Bank in Singapore hunderttausend Pfund Sterling auf den Namen Désirée Linde, schickte aber nicht einmal ein Gratulationstelegramm. Der Mann, dessen zielbewusster Wille stark genug gewesen war, Millionen zu erschaffen, gegen alle Sitte die Tochter eines singhalesischen Kulis zu heiraten, und selbst die Beamten der englischen Regierung zu zwingen, die Farbige als seine Frau zu respektieren, der „Reiskönig" wusste nicht mehr, was er wollte, zitterte bei dem Gedanken, dass der zähe preußische Hass gegen alles, was einzeln steht und sich nicht unterordnen will, den Stolz seiner Tochter langsam zermahlen könnte, – – – und war doch unfähig, den Wunsch in sich zu unterdrücken: Sybille eines Tages zerbrochen, reumütig vor seiner Türe zu sehen. Die Leute, die geschäftlich mit ihm zu tun hatten, erzählten, er sei schneeweiß geworden, misstrauisch und nörglerisch, bereit für einige Schillinge vor Gericht zu gehen.

Bald sollte er noch tiefer gebeugt werden; seine Frau, nur lebensfähig in der Glashaustemperatur ihrer Heimat, widerstand dem europäischen Winter nicht, starb wenige Tage nach der Taufe des Enkelkindes, das sie hatte erwarten wollen. Ein Brief Sybilles erzählte, sie habe sich zu Tode gehustet, immer in einen Berg von Decken gewickelt, blaugefroren neben dem glühenden Ofen; solange sie noch bei Bewusstsein war, Tochter und Dienerin beschwörend, das neugeborene Kind gleich hinüberzubringen in die Sonne, nur rasch fort aus diesem Land des kalten Todes.

Der weiße Marmorbungalow blitzte wie früher aus dem dunklen Palmengewirr, grüßte von weitem die Reisenden, die aus Europa kamen, und der unerhörte Reichtum des „Reiskönigs“ blieb unverändert Tischgespräch auf allen Schiffen, aber in den Respekt vor seinem Gelde mischte sich der Triumph der Schadenfreude, denn es ist den Menschen immer lieb, wenn einer, dem das Glück zu lange gedient hatte, endlich lernen muss, dass die Bäume nicht in den Himmel wachsen. Man behauptete, seit dem Tod seiner Frau sei der Alte kindisch geworden, kündige allen deutschen Reedereien die Verträge, weigere sich, deutschen Handelshäusern Waren zu liefern, bereit, sich lieber zu ruinieren als dem „Vaterlande“, das ihn mit blutigem Rücken in die Welt gespien und zuletzt ausgeplündert hatte, irgendwie zu dienen! Jahrzehntelang hatte es seinem Glücke aufgelauert, zuerst die Tochter, dann die Frau geraubt; von dem Vermögen, das er mit den Nägeln aus fremdem Boden gegraben hatte, von seinem Gelde, das schwor Kurt von Stürenburg bei jeder Gelegenheit, von seinem Gelde wenigstens sollte es nichts haben!

Und doch brachte ihn Deutschland auch noch um sein Vermögen!

Als der Krieg ausbrach, ließ der Reiskönig seine Motoryacht ruhig im Hafen schaukeln, und rührte sich nicht. Alle deutschen Pächter und Plantagenbesitzer wagten das Leben ihrer Frauen und Kinder daran, holländischen Boden zu erreichen, ruderten bei Nacht übers Meer nach Sumatra hinüber, nur um den Klauen der Engländer zu entgehen. Vergebens suchten die Nachbarn auch Herrn von Stürenberg zu überzeugen, dass man sein Vermögen konfiszieren und ihn selbst gefangen setzen werde, er lächelte verächtlich über solche Hirngespinste. Wenn die drüben Lust hatten, sich die Schädel einzuschlagen, was ging's ihn an? Seine Steuern flossen seit einem Vierteljahrhundert in die englische Gouvernementskasse, sein Verkehr mit Landsleuten hatte sich immer darauf beschränkt, sie abzuschütteln, und alle Mitglieder der Regierung in Singapore wussten es aus seinem Munde, wie sehr ihm diese geräuschvollen, immer ihr Vaterland beräuchernden Gäste, die keine Banane verschlucken konnten ohne einen Vortrag über die größeren Vorzüge der deutschen Äpfel zu halten, von jeher auf die Nerven gingen. Seit ihm ein Haderlump die Tochter gestohlen und die Frau umgebracht hatte, ging kein Körnchen Reis und nicht ein Teeblättchen mehr von seinen Besitzungen nach Deutschland, – – – er war doch neugierig zu sehen, wer es wagen würde, ihn zu behelligen?

Anfangs schien es, als sollte er recht behalten. Der Gouverneur schickte heimlich Unterhändler nach Penang, und ließ Herrn von Stürenburg bitten, die Verwaltung seiner Plantagen einem Engländer oder Holländer zu übertragen, und selbst mit seiner Yacht nach Sumatra zu gehen. Alle Patrouillenboote erhielten strengen Auftrag, das Schiff undurchsucht passieren zu lassen, damit der Reiskönig sich genügend mit Banknoten und Wertsachen versorgen könne, um das Kriegsende in Ruhe abzuwarten. Als auch das nichts half, wurden die Herren in Singapore schon ungeduldig, konnten sich aber doch nicht entschließen, den Mann, dessen Tafel und Keller sie so oft beehrt hatten, festnehmen zu lassen, und erbaten aus London die Erlaubnis, Herrn von Stürenburg vorläufig schonen zu dürfen, aus Rücksicht auf den demoralisierenden Einfluss, den die Verhaftung solch eines berühmten weißen Sahibs auf die Eingeborenen ausüben würde.

Da taucht aber eines Tages die „Emden" in der Malakkastraße auf, schoss zwei französische Schiffe in den Grund, und es waren natürlich sofort Zeugen bei der Hand, die es dem französischen Generalkonsul unter Eid bescheinigten, dass sie auf der Marmorterrasse des reichen „Boche" Lichtsignale beobachtet hätten. Die Rücksicht auf den Bundesgenossen machte energisches Vorgehen unvermeidlich und ein Kapitänleutnant mit zwanzig bewaffneten Marinesoldaten bekam den Auftrag, Herrn von Stürenburg sehr höflich, aber bestimmt zu ersuchen, innerhalb drei Stunden reisefertig zu sein.

Dreißig Jahre lang hatte das unduldsame, herrische Blut der Stürenburg sich nicht gerührt, niedergehalten von den abschreckenden Erinnerungen an die hässliche, herzlose Tyrannei des Vaters. Jetzt aber brach der angesammelte Jähzorn los, – – – drei Matrosen mussten an der Schwelle seines Palastes dem Reiskönig den Revolver entwinden, – – – und die Eingeborenen sahen zitternd vor Erregung das Schauspiel, wie der allmächtige weiße Herr der Insel, von weißen Soldaten mit Stricken gebunden, an Bord eines englischen Kriegsschiffes geschafft wurde.

Man hätte es aus Rücksicht auf die Mannschaft nicht vermeiden können, den renitenten Feind, der S. M. Matrosen mit geladener Pistole bedroht hatte, vor ein Kriegsgericht zu stellen; aber Herr von Stürenburg ersparte seinen Freunden diese Peinlichkeit. Als der Schiffsarzt nach ihm sah, fand er ihn blau im Gesicht, das rechte Auge verglast, die ganze rechte Körperhälfte gelähmt, die Zunge, – ein toter Klöppel im verzerrten Mund, – formte keine Worte mehr. So trug man ihn, auch körperlich schon eine halbe Leiche, in Colombe an Land, über dieselbe lange Zollbrücke, die ihn dreißig Jahre früher ins Glück geführt hatte. Er erkannte sie wieder, sah sich als siebzehnjährigen Burschen mit leeren Händen auf die Tropenerde treten, und über die lebendige Hälfte seines Gesichtes flossen dicht die Tränen, als er die Sackgasse überblickte, die er gegangen war, emporgelangt bis zum Gipfel des Erfolges, um hinuntergestürzt zu werden, ganz so arm und vereinsamt wie zu Beginn, aber alt, müde und gelähmt, ohne jede Aussicht, sich nocheinmal hinaufzuarbeiten, ein Unglücklicher, der sein eigenes Leben überlebt hat. So quälten die Kinder in Deutschland gefangene Marienkäfer, ließen sie erst hochklettern auf einem Stäbchen, um in der letzten Sekunde, wenn die Spitze keuchend erreicht war, und das Tier schon die Flügel breiten wollte zum Abflug, den Zweig umzudrehen, dass oben unten wurde.

Marienkäferl! … Helles Moos zwischen tiefkrallenden Wurzeln der Tanne – – – duftender Harz – – – ein anderer kühler Himmel über aufbrechenden Trieben, ja, dort war er einmal daheimgewesen, und hatte von Palmen geträumt, von Kämpfen mit Schlangen und lauernden Raubtieren.

Das Schicksal hatte Erbarmen, entließ ihn, da er hilflos wie ein Kind in die Rikscha gehoben wurde, ganz in seine Kindheit zurück.

So lebte er noch einige Monate in dem Konzentrationslager von Nur Elia hoch oben in den Bergen Ceylons, wo die reichen Kaufleute aus dem Tiefland kleine Villen für den Sonntag bauen, weil der Mittag dort nicht heißer ist als ein schöner Sommermorgen in Europa, und die Nacht nur so kühl wie ein Herbstabend. Er hatte dort einmal viel Golf gespielt, bis er durch seine ernste Liebe zu einer Farbigen unmöglich geworden war, und die allgemeine Verachtung ihn von Ceylon verjagt hatte, hinein in das unerhörte Glück, auf den Thron des „Reiskönigs von Penang". Aber von alledem wusste er nichts mehr. Mit den Resultaten seiner dreißig Arbeitsjahre waren auch alle Erinnerungen an diese Zeit versunken; er wusste nur, dass er seinem Vater entlaufen war, gurgelte zuweilen unartikulierte Laute aus Angst vor der Peitsche, und wenn um den beweglich gebliebenen Mundwinkel die leise Spur eines Lächelns zuckte, dann sah er sich jung, elastisch, die blonde Mähne vom Monsun durchwühlt, im Mastkorb eines schönen weißen Schiffes stehen, wusste, dass dieser Dampfer „Sybille" geheißen hatte, und suchte verzweifelt die Erinnerung an jene andere Sybille, die aus Dankbarkeit auf denselben Namen getauft worden war.

Aber es klaffte da ein großes, schwarzes Loch in seinem Gedächtnis, das keine Anstrengung überbrücken konnte; nur das geliebte Gesicht der Tochter ragte ganz deutlich aus dem Dunkel, und er schluchzte bitterlich über ihr Schicksal, das er, ohne zu wissen warum, irgendwie das Gefühl hatte, beweinen zu müssen. Die deutschen Makler, Pflanzer und Beamte, aus ganz Indien in das Lager gekehrt, nickten weise, wenn sie ihn so weinend im Rollstuhl sahen und trösteten sich gegenseitig über ihr eigenes Unglück, indem sie es an dem fürchterlichen Sturz des entthronten Reiskönigs maßen. Diese kleinen und großen Händler, alle nur ausgewandert Reichtümer zu erraffen, ungeduldig auf die Freiheit, um sich wieder ins Verdienen zu stürzen, wetteiferten in banalen Betrachtungen über die Eitelkeit allen irdischen Besitzes, als der Tod wiederkam auch die vergessene Hälfte zu holen, und Tage lang auf der rasselnden Brust kniete, grausam mit dem Atem spielend, ehe er ihn für immer von den violetten Lippen riss.

Holländische Geschäftsfreunde auf Java und Sumatra sammelten Geld für einen Grabstein und ließen durch ihre Gesandtschaft Sybille verständigen, dass sie Waise geworden war. Sie boten aus Pietät auch materielle Hilfe an, die abgelehnt wurde, denn um diese Zeit stritten längst die ersten Filmgesellschaften um Sybille Lindes exotische Schönheit, und dieses mütterliche Erbe nach dem singhalesischen Bettelmädchen brachte der Tochter mehr Glück, als des Vaters Märchenreichtum. Spurlos ausgelöscht wäre das ganze Leben, die steile, blendende Karriere des Reiskönigs gewesen für immer, ohne den einzigen, vielgeschmähten Leichtsinn seiner Jugend, ohne seinen Mut, eine „Wilde" zu sich emporzuheben, nur weil sie in andächtiger Liebe an ihm hing. Seine Millionen waren konfisziert, über die Marmortreppen seines Schlosses humpelten verwundete Kolonialsoldaten, er selbst lag im Internierten-Friedhof von Nur Elia in einem Grabe, das niemand bekränzte, – – – nur die Schönheit, an die er einmal seine Existenz gewagt, – und der unbekümmert – gerade Wille, der ihn zu dem Wagnis gezwungen hatte, lebten weiter in seiner Tochter, ebneten ihr den Lebensweg, als könnte sie ihn immer noch mit des Vaters Silbermünzen pflastern.

(Erschienen im *Salzburger Volksblatt*
vom 24. Dezember 1922, Weihnachtsbeilage, S. 3–4)

Der Doppelpatriot

Theophil Banner wurde als Sohn eines Grenzwächters in einem Grenzwächterhaus geboren. Vor seinem Geburtshause stand ein Schlagbaum, der auf der einen Seite rot, auf der anderen schwarz gestrichen war. Wir wollen die beiden Königreiche, die sich rechts und links von diesem Grenzzeichen erstreckten, der Einfachheit halber, das rote und das schwarze Land nennen.

Nun traf es sich, daß zwischen diesen beiden Ländern ein Grenzstreit ausgebrochen war. Eine Kommission, zusammengesetzt aus Geometern, Politikern, berühmten Juristen und hohen Würdenträgern beider Länder durchstreifte die Grenzgebiete und machte nach kurzem Spaziergang schon die sensationelle Entdeckung, daß die Grenze tatsächlich falsch gezogen sei. Nicht nur, daß rund einundzwanzig und sieben Achtel Baumstämme irrtümlich dem roten Lande zugefallen waren, auch das rote Wächterhäuschen stand mit seiner ganzen rechten Hälfte im schwarzen Lande drüben.

Erregt ob der historischen Tragweite dieser Erkenntnis, drang die Kommission in die Behausung des Grenzwächters ein, just in dem Augenblick, da Theophil Banner das Licht der Welt erblickte. Der letzte Schmerzensschrei der glücklichen Mutter, der erste Gruß des neuen Weltbürgers empfing die illustre Gesellschaft.

Der Geometer des schwarzen Landes erholte sich als erster von der Überraschung.

„Die neue Grenzlinie geht mitten durch das Kind!“ schrie er.

Sofort wurden die Dreifüße aufgestellt, alle Mitglieder der Kommission lugten der Reihe nach durch die Apparate, und der Ausruf des scharfsichtigen Geometers bewahrheitete sich.

Da trat der Justizminister des schwarzen Landes mit feierlicher Miene aus der Reihe. Er war ein gefürchteter Jurist von außergewöhnlicher Spitzfindigkeit und brannte darauf, sich den gelben Drachenorden zu verdienen.

„Dieses Kind gehört zu uns!“ erklärte er mit schlauer Miene. Der rote Teil der Kommission kicherte höhnisch.

„Exzellenz irren“, hieß es, „der Vater des Kindes ist roter Untertan und der Neugeborene somit, ohne Rücksicht auf seinen Geburtsort, ebenfalls.“

Der ehrgeizige Justizminister ließ sich jedoch nicht abschrecken.

„Der Vater des Kindes ist auch in diesem Hause geboren, auf diesem Bette, das mit seiner rechten Hälfte in unser Land hineinragt. Er ist roter Untertan geworden, auf Grund einer vorhergegangenen falschen Abmarkierung. Es handelt sich um ein Judicium sinum regundorum, und in solchen Fällen ist es allgemein üblich, das zweifelhaft bleibende Areal zu gunsten der Beteiligten zu halbieren. Wir haben euch den Vater überlassen und nehmen uns nun das Kind -----“

Großer Lärm folgte diesen Worten. Nach endlosem Hin und Her, nach glänzenden Reden und Gegenreden faßte die Kommission einstimmig den Beschluß, beiderseits an höchster Stelle über die unerwartete Komplikation zu referieren.

Jahre vergingen.

Der Streit um die Staatsangehörigkeit Theophil Banners wütete immer noch, Spezialkommissionen tagten: die Sache wurde einem internationalen Schiedsgericht vorgelegt; und die Farben des Regenbogens genügten nicht mehr, um die diplomatischen Elaborate, die über diese Frage ausgearbeitet waren, mit entsprechenden Umschlagdecken zu versehen.

Der kleine Theophil war einige Male nahe daran, ein casus belli zu werden. Zum Glück hatte er selbst keine Ahnung von seiner Wichtigkeit. Er wuchs und gedieh, war ein munterer, kräftiger Junge geworden, und benutzte den Schlagbaum vor seinem Elternhause zur Einübung turnerischer Kunststücke. Im Alter von sechs Jahren hatte er es bereits zu einer tadellosen Exekutierung des Bauchaufschwunges gebracht.

Nichts lag seinem Kindergemüte ferner als der Gedanke einer symbolischen Bedeutung des zweifarbigen Turngeräts.

Da erreichte ihn auch schon sein Schicksal. In der Wohnung seines Vaters erschienen zwei Boten und verkündeten dem verblüfften Grenzwächter, daß es an allerhöchster Stelle beschlossen worden sei, die Zugehörigkeit seines Sohnes Theophil auch fürderhin in Schwebe zu belassen. Gleichzeitig wurde dem Vater Karl Banner, im Namen des Gesetzes beider Länder streng befohlen, seinen Sohn an jedem Montag, Mittwoch und Freitag in die zunächst gelegene Volksschule des roten, an den anderen Tagen der Woche hingegen in eine Schule des schwarzen Landes zu schicken. Derselbe Lehrplan war, laut Beschluß, auch für die Gymnasialzeit Theophil Banners vorgesehen.

Im Alter von einundzwanzig Jahren sollte es dann Theophil Banner selbst überlassen werden, sich auf Grund seiner innigsten Überzeugung das Vaterland selbst zu wählen. (Natürlich war man auf beiden Seiten gleich fest davon überzeugt, die glorreiche Geschichte des Landes werde Hand in Hand mit der augenfälligen, auch historisch genügend erwiesenen Minderwertigkeit des Nachbarlandes Theophil zu einem begeisterten Roten, respektive Schwarzen machen; und beide Teile freuten sich darauf, dem verhaßten Gegner eine so glänzende Niederlage zu bereiten.)

Theophil Banner blieb bis auf weiteres auch jetzt noch ahnungslos. Gleichgültig trottete er bald diesseits, bald jenseits seines geliebten Turngeräts in die Schule, bis endlich auf beiden Seiten der Buchstabe „i“ an die Reihe kam. Es gehört nämlich zu den heiligsten Gütern der schwarzen Nation, das „i“ als „ei“ auszusprechen, und es zirkulierten in diesem Lande unzählige spöttische Scherze und Lieder gegen die ganze alberne und bornierte Aussprache der Roten. In den Kaffees und Wirtshäusern wurden Leute, die das „i“ als solches aussprachen, unhöflich bedient, und die Kaufleute verkauften an solche „Ausländer“ nur mit erheblichem Zuschlag.

In die Waldeinsamkeit des Grenzwächterhäuschens, das überdies im roten Lande lag, war dieser Sprachenhaß noch nicht gedrungen, und so sah der ahnungslose Theophil auf Grund der tagsvorher in der roten Schule empfangenen Lehre, das „i“ überzeugt für ein „i“ an.

Der schwarze Lehrer war einer Ohnmacht nahe. An der Wand hing das Bild eines höchsten Vorgesetzten, des Unterrichtsministers, der, als außerordentlich begeisterter Patriot, besonderes Gewicht auf die tüchtige Gesinnung der Volksschullehrer und die streng nationale Erziehung der Jugend legte. Getrieben von der Verehrung für den großen Mann und von der Sehnsucht sich hervorzutun, ergriff der Pädagoge sein geschmeidigstes Rohrstäbchen und verabreichte dem armen Theophil vor allem eine mörderische Tracht Prügel. Hinterher schüttelte er noch das Füllhorn seiner Beredsamkeit über den jungen Verbrecher aus, und war ehrlich bemüht, alle patriotischen Schlagworte, die anläßlich des letzten Lehrertages von seiner Exzellenz dem Unterrichtsminister in Umlauf gebracht worden waren, der Reihe nach zu verwenden.

Theophil nahm sich die flammenden Worte ebenso zu Herzen wie die Hiebe, was ihm tags darauf – wie jeder Scharfblickende bereits erraten haben dürfte – eine nicht minder beträchtliche Tracht Prügel und eine nicht minder flammende Rede zugunsten der entgegengesetzten Aussprache eintrug.

Dieses erste tragische Erlebnis bereitete der schönen Voraussetzungslosigkeit und edlen Naivität Theophil Banners ein jähes Ende. Er wußte nun, daß die zweifarbige Stange vor seinem Elternhause nicht nur ein Turngerät sei, sondern vielmehr ein ernstes Wahrzeichen, das die Welt in zwei Teile teilte.

Hier endigten die Keile für „ei“, setzten die Keile für „i“ ein.

Das merkte er sich genau, stellte als kluger Junge sein Gehirn vor jedem Schulgang auf die dem Tage entsprechende Aussprache ein, und blieb nun längere Zeit ungeschoren.

Erst auf dem Gymnasium zeigten sich neue Schwierigkeiten. Der Unterricht in den exakten Wissenschaften wies nur unwesentliche Unterschiede auf. Nur über den Geburtsort und die Zuständigkeit einzelner berühmter Erfinder herrschte teilweise entgegengesetzte Meinung.

Schwerer hatte er es schon mit der Literaturgeschichte. Da mußte er ängstlich darauf bedacht sein, die Begeisterung, die ihn Montag, Mittwoch und Freitag für die Dichter des roten Landes erfüllte, Dienstag, Donnerstag und Sonnabend auf achselzuckende Anerkennung herabzustimmen.

Der „Dichterfürst", der am Montag „die Sonne seines Geistes über den ganzen Erdball leuchten ließ", war Dienstag bestenfalls ein „begabter Mensch", dessen zwei bis drei Hauptwerke als „nennenswert" galten. Und vice versa.

Glücklicherweise war Theophil ein heller Kopf und hatte sich bald an diese Art doppelter Buchführung gewöhnt. Nur den schier unübersehbaren Komplikationen des zweifarbigen Geschichtsunterrichts zeigte er sich nicht ganz gewachsen. Und hier erreichte ihn auch der zweite Schicksalsschlag.

Mit glühenden Wangen saß er eines Montags in der Schule und lauschte gespannt dem Vortrag des Geschichtsprofessors, der eben mit mächtigen Worten die Greueltaten Urbans des Ersten, genannt „Urban der Bluthund", schilderte. Fürchterlich waren die Anklagen, die der empörte Professor gegen diesen grausamsten aller Tyrannen erhob.

„Vom Jahre 1729 bis zum Jahre 1791schwang Urban sein vom Blute unschuldiger Kinder triefendes Zepter. Seine Herrschaft erstreckte sich über das rote und schwarze Land und über einundzwanzig andere Königreiche, die er mit seinen bestialischen Söldnern gleichfalls heimtückisch überfallen, geplündert und unterworfen hatte. Auf allen Wegkreuzungen standen Galgen; die besten unseres Landes mußten ihr Haupt auf den Richtblock legen, Witwen und Waisen riefen überall den Fluch des Himmels auf den Tyrannen herab! ---"

Das junge, temperamentvolle Herz Theophils, immer überhitzt von dem zweifachen Patriotismus, schlug Sturm während dieser Schilderungen. Er konnte kaum noch an sich halten, als der Professor nun auch das Schicksal der roten Helden erwähnte, die sich endlich entschlossen zusammengetan hatten, um das Vaterland von dem „Bluthund" zu befreien. Sie waren unbemerkt ins Schloß gedrungen, hatten die Wachen bestochen und standen bereits vor dem

Schlafzimmer des Verhaßten, als plötzlich ein verräterischer Schurke Lärm schlug, die Helden überrumpelt und gefesselt wurden.

Ein unterdrücktes Schluchzen lief durch die Bänke, als die zehn Märtyrer mit dem Ruf: „Es lebe die Freiheit, es lebe das Vaterland!" furchtlos die Richtstatt betraten.

Wer beschreibt aber die angenehme Überraschung Theophils, als der Geschichtsprofessor des schwarzen Gymnasiums den Unterricht am nächsten Morgen mit folgenden Worten begann:

„Was ich euch heute zu sagen habe, brauche ich eigentlich gar nicht zu erzählen. Denn es gibt hoffentlich keinen unter euch, der es nicht schon längst wußte, wer vom Jahre 1729 bis zum Jahre 1791 auf dem Throne unseres teuren Vaterlandes saß."

Alle Finger schnellten in die Höhe. Freudig sprang Theophil Banner auf und schmetterte: „1729 bis 1791 herrschte über das schwarze und über das rote Land sowie auch über einundzwanzig andere Königreiche der grausame Tyrann: Urban der Bluthund" ---

Ein betäubendes Wutgeheul folgte seinen Worten. Alle Schüler sprangen aus den Bänken, warfen sich auf Theophil, zerrten und rissen ihn bei den Haaren und an den Ohren, schlugen mit den Fäusten auf ihn los, bis er auf das Katheder flüchtete und hilfesuchend die Knie des Professors umfing. Aber auch der Professor kannte kein Erbarmen und stieß ihn mit den Füßen von sich.

Erst als der Unglückliche zerfetzt, zertreten, verprügelt leise schluchzend in der Ecke kniete und sich die Entrüstung allmählich gelegt hatte, begann der Lehrer seinen Vortrag.

Und nun erfuhr Theophil Banner, daß Urban der Große, so nannten sie hier den blutdürstigen Tyrannen, der höchste Stolz seines schwarzen Vaterlandes sei. Denn: unter Urban dem Großen ging die Sonne im Reich der schwarzen Patrioten nie unter und der Kriegsruhm der schwarzen Fahne erfüllte die ganze Erde! Urban der Große war edel und gut! Unbarmherzig gegen seine Feinde. Freigiebig gegen seine Getreuen.

Das empfängliche Gemüt Theophils konnte den wirkungsvollen, von patriotischem Elan getragenen Worten nicht ganz widerstehen. Das Bild Urbans des Bluthundes verblaßte, und Urban der Große stand leuchtend vor ihm.

Er glühte vor Entrüstung, als der Lehrer zum Schluß der feigen Meuchelmörder gedachte, die es versucht hatten, den großen König im Schlafe hinzumorden. Die Hinrichtung entfesselte einen Beifallssturm; und die Schüler beschlossen einstimmig, das Monument des getreuen Kammerdieners, der durch seine Wachsamkeit die verruchte Tat vereitelt hatte, zu bekränzen.

Auch Theophil Banner opferte begeistert seine Ersparnisse, auch er stimmte vor dem Standbild aus voller Kehle in die schwarze Nationalhymne ein.

Vergebens!

Der Faustschlag in das Gesicht eines ganzen Volkes war nicht so leicht zu sühnen.

Namentlich war es der Geistliche, der sich, vielleicht mit Rücksicht auf die bedeutenden Schenkungen Urbans des Großen an die Kirche, gegen Theophil ins Zeug legte. Er stellte Nachforschungen an, ersuchte seinen roten Kollegen um Auskünfte, und trat bald mit der sensationellen Enthüllung vor das Professorenkollegium, daß Theophil Banner den Namen seines Vaters zu Unrecht trage, daß Theophil ein uneheliches Kind sei!

Das kam so: im roten Königreich war seit Jahrzehnter schon die Zivilehe eingeführt, während die schwarzen Bürger, dank der Fürsorge ihrer Geistlichkeit, von dieser gottlosen Institution verschont geblieben waren. Nun war aber der Vater Theophils, wie bekannt, Untertan des roten Landes, und hatte sich, nicht so sehr aus Überzeugung, eher aus Abneigung gegen unnötige Ausgaben, mit der Zivilehe begnügt. Nach schwarzen Begriffen waren also die Eltern Theophils überhaupt nicht verheiratet.

Theophil erhielt den strengen Befehl, den Namen Banner innerhalb der schwarzen Grenzen nicht länger zu usurpieren, und hatte neben seinen beiden Vaterländern nun auch noch zwei Familiennamen zu tragen.

Mit dieser Bereicherung seines Repertoires hätte sich der geschmeidige Knabe leicht abgefunden, allein die Folgen der einseitigen Namensänderung waren äußerst unerquicklich.

Während er nämlich diesseits des rotschwarzen Schlagbaums auch weiterhin für einen honetten Jungen galt, den jedermann freundlich begrüßte, begegnete er jenseits des Schlagbaumes nur unfreundlichen Gesichtern, und die kleinsten Hosenmätze fühlten sich berechtigt, ihm auf offener Straße Kosenamen wie „Bastard“ oder „Bankert“ nachzurufen.

Diese ungerechte Behandlung hätte die Seele und – was viel wichtiger – die Wehrkraft des jungen Theophil unfehlbar dem roten Staate zuführen müssen, wenn der durch und durch mit Begeisterung wattierte und nur aus „Hoch“ und „Pereat“ zusammengesetzte Jüngling einer subjektiven Regung überhaupt noch fähig gewesen wäre. Allein die auf beiden Seiten mit besonderem Nachdruck geführte nationale Erziehung hatte zu diesem Zeitpunkt ihre Wunder bereits vollbracht.

Namen und Ziele der Helden und Verräter spielten in Theophils intensivem Gefühlsleben keine Rolle mehr. Seine Sympathien und Antipathien gehörten den Begriffen, die ihm eingepaukt worden waren, und sein Patriotismus schaltete sich Tag für Tag automatisch um.

Man wird es nun begreiflich finden, daß Theophil Banner (alias Strobel) unter solchen Umständen zitternd den Tag der Entscheidung herannahen sah. Von welchem seiner geliebten Vaterländer sollte er sich trennen? Ihm blühten in jedem Falle drei unglückliche Tage wöchentlich!

Eine gütige Vorsehung ersparte ihm diesen schweren Entschluß und seine Folgen.

Kurz vor Ablauf des Termines spitzte sich die alte Feindschaft zwischen den beiden Nachbarländern bedenklich zu; die Bevollmächtigten packten ihre Koffer, und die Kriegserklärung folgte.

Theophil fand, als er abends heimkam, eine rote und eine schwarze Einberufungskarte auf seinem Tische.

Er schwankte nicht. Es war Freitag! Sein Herz gehörte den Roten! Verächtlich schleuderte er den schwarzen Fetzen in die Ecke, ergriff den alten Dienstsäbel seines Vaters und hieb wuchtig auf den unsichtbaren Feind ein.

Der Abend verging in gehobener Stimmung. Theophil zweifelte keinen Augenblick an der sicheren Niederlage der Schwarzen.

Nach zehn Uhr zog er sich auf sein Zimmer zurück. Um elf Uhr hörte ihn seine Mutter noch erregt auf und abgehen.

Kurz vor Mitternacht begann er laut zu jammern.

Schlag zwölf schloß er das Tor auf und stürzte ins Freie.

Am nächsten Morgen baumelte sein Leichnam auf dem hochgezogenen Schlagbaum.

Unten hatte er eine kleine Tafel befestigt, welche zwischen zwei rechts und links weisenden Zeigefingern die Inschrift trug:

Ich sterbe für das ←Vaterland→.

(Erschienen in der Tageszeitung *Salzburger Wacht*
vom 31. Oktober 1924, Beilage „Unterhaltung und Wissen“, S. 3–4)

Literaturverzeichnis

Quellen

Briefe von Andreas Latzko an Hermann Bahr – Österreichisches Theatermuseum Wien, Handschriften und Nachlässe, Nachlass Hermann Bahr.
Briefe von Andreas Latzko an Johan Ankersmit – Archief J.F. Ankersmit, International Institute of Social History/Internationaal Instituut voor Sociale Geschiedenis, Amsterdam.
Briefe von Hermann Bahr an Andreas Latzko – Sammlung Allard Pierson, Universiteit van Amsterdam.
Salzburger Landesarchiv.
Archiv der Erzdiözese Salzburg.
Archiv der Georg-Trakl-Forschungs- und Gedenkstätte Salzburg.

Literatur

BAHR, HERMANN (1890): *Die gute Schule. Seelenzustände.* (Neuausgabe 2017: Hansebooks)

BAHR, HERMANN (1906): *Dialog vom Marsyas.* (Neuausgabe 2010: Weimar: VDG)

BAHR, HERMANN (1915): *Kriegssegen.* München: Delphin.

BAHR, HERMANN (1923): *Selbstbildnis.* (Neuausgabe 2011: Weimar: VDG)

BAHR, HERMANN/KVAPIL JAROSLAV (2007): *Briefe, Texte, Dokumente.* Hg. v. Kurt Ifkovits unter Mitarbeit von Hanna Blahova. Frankfurt a.M. u. a.: Peter Lang (Österreichische Literatur im internationalen Kontext, Bd. 11).

BAHR, HERMANN/SCHNITZLER, ARTHUR (2018): *Briefwechsel, Aufzeichnungen, Dokumente 1891–1931.* Hg. v. Kurt Ifkovits und Martin Anton Müller. Göttingen: Wallstein Verlag.

DAVIAU, G. DONALD (1984): *Der Mann von Übermorgen. Hermann Bahr 1863–1934.* Wien: Österreichischer Bundesverlag.

FAHRNER, FELIX (1922): *Salzburger Landsturm im Hochgebirgskrieg.* Salzburg (Eigenverlag).

IFKOVITS, KURT (2019): „Immer derselbe, niemals der gleiche?“ Hermann Bahrs Kulturkritik im ‚Tagebuch‘ des ‚Neuen Wiener Journals‘ der Jahre 1927 bis 1931. In: BARBARA BEẞLICH und CRISTINA FOSSALUZZA (Hg.): *Kulturkritik der Wiener Moderne (1890–1938)*. Heidelberg: Universitätsverlag Winter.

KLEMPERER, VIKTOR (2015): *Man möchte immer weinen und lachen in einem. Revolutionstagebuch 1919*. Berlin: Aufbau.

LATZKO, ANDREAS (1917): *Menschen im Krieg*. Zürich: Max Rascher.

LATZKO, ANDREAS (1918): *Der wilde Mann*. Roman. Zürich: Max Rascher & Cie. (Erstausgabe 1913. Berlin: Rowohlt)

LATZKO, ANDREAS (1918): *Friedensgericht*. Zürich: Max Rascher.

LATZKO, ANDREAS (1919): *Der Roman des Herrn Cordé*. München: Dreiländerverlag. (Erstausgabe 1906. Berlin: Fleischel)

LATZKO, ANDREAS (1922): „Der Reiskönig“. In: *Salzburger Volksblatt* vom 24.12.1922, Weihnachtsbeilage S. 3–4.

LATZKO, ANDREAS (1924): „Der Doppelpatriot“. In: *Salzburger Wacht* vom 31.10.1924, Beilage „Unterhaltung und Wissen“, S. 4–5.

LATZKO, ANDREAS (1931): *Sieben Tage*. Roman. Wien: Krystall Verlag.

LATZKO, ANDREAS (1932): *Onderweg („Unterwegs“)*, Teil-Autobiographie (bis 1919). Übersetzt von Annie Vonk. Amsterdam: Verlag De Arbeiderspers. (= erster Teil der 1950 erschienenen Teil-Autobiographie „Levensreis“)

LATZKO, ANDREAS (1935): *Lafayette*. Roman. Zürich: Max Rascher.

LATZKO, ANDREAS (1993): *Der Doppelpatriot*. Texte 1900–1932. Hg. und mit einem Nachwort versehen von János Szabó. München-Budapest: Südostdeutsches Kulturwerk (Veröffentlichungen des südostdeutschen Kulturwerks; A 38). Enthält die Erzählung *Der Doppelpatriot* in gekürzter Form.

LATZKO, ANDREAS/LATZKO-OTAROFF, STELLA (2017): *Lebensfahrt. Erinnerungen*. Hg. und kommentiert v. Georg B. Deutsch. Berlin: Frank & Timme (Forum: Österreich, Bd. 5) (Niederländische Erstausgabe 1950: *Levensreis. Herinneringen*. Amsterdam und Antwerpen: Wereldbibliotheek).

WEICHSELBAUM, HANS (Hg.) (2005): *Androgynie und Inzest in der Literatur um 1900*. Salzburg (Trakl-Studien, Bd. XXIII).

WEICHSELBAUM, HANS (Hg.) (2018): *Andreas Latzko und Stefan Zweig – eine schwierige Freundschaft. Der Briefwechsel 1918–1939*. Berlin: Frank & Timme.

Abbildungsnachweis

KHM-Museumsverband Wien:

Seite:	Signatur:
30	AM 20163Ba (03/04)
32	AM 20169Ba (01)
34	AM 20170Ba (01)
40f.	AM 58946Ba (01/02)
110	FS_PP302250alst_1
113f.	AM 58945Ba (01/02)
132f.	AM 20188Ba (01/02)
Umschlag:	GS_GPU1838 (Porträtzeichnung H. Bahr von Felix Harta, 1919) Lithographie A. Latzko von Fritz Willi Fischer: Zs. „Radio Wien“, Nr. 51 v. 18. 9. 1931, S. 8.

Dank

- an Dr. Kurt Ifkovits, Kurator der Handschriften und Nachlässe im Theatermuseum Wien, Palais Lobkowitz, Lobkowitzplatz 2, für die Kopien der Briefe Andreas Latzkos an Hermann Bahr, für die Hilfsbereitschaft bei der Bereitstellung von Archivmaterialien und nützliche Auskünfte und Hinweise.
- an Klaas van der Hoek, den Curator of Manuscripts and Modern Literature der Allard Pierson-Collection an der Universiteit van Amsterdam für die Kopien der Briefe von Hermann Bahr an Andreas Latzko.
- an das Salzburger Landesarchiv, an Christine Gigler (Diözesanarchiv Salzburg), Lina Maria Zangerl (Salzburger Literaturarchiv), Prof. Robert Hoffmann (Universität Salzburg), Oliver Matuschek (Bremen) und Prof. Péter Varga (Universität Budapest) für verschiedene Auskünfte.
- an die Rechteinhaber für die freundliche Genehmigung zum Abdruck der Fotografien und Dokumente.

Der Herausgeber

Hans Weichselbaum, geb. 1946 in Freistadt/Oberösterreich, studierte Geschichte und Germanistik an der Universität Salzburg. Er war Gymnasiallehrer und Literaturvermittler (Leiter des Literaturforums *Leselampe 1970–1985*, Redaktionsmitglied der Literaturzeitschrift *Salz* seit 1975) und Lektor an der Fremdsprachenuniversität Xi'an (VR China). Er leitet die *Georg Trakl Forschungs- und Gedenkstätte* seit ihrer Gründung 1973 und ist Geschäftsführer des *Internationalen Trakl-Forums* in Salzburg.

Weichselbaum ist Mitherausgeber der *Trakl-Studien* und verfasste zudem zahlreiche literaturwissenschaftliche Aufsätze und Bücher, zuletzt: *Georg Trakl. Eine Biographie* (2014), *Autorschaft und Poetik in Texten und Kontexten Georg Trakls* (Hg., zus. mit Uta Degner und Norbert Christian Wolf, 2016) und *Georg Trakl: Dichtungen und Briefe* (neue Trakl-Ausgabe 2020), alle im Otto Müller Verlag Salzburg.

Die beiden Antikriegsromane von Andreas Latzko *Menschen im Krieg* (2014) und *Friedensgericht* (2015) hat er, jeweils mit Nachwort, im Wiener Milena Verlag herausgegeben. Im Verlag Frank & Timme erschien 2018 sein Band *Andreas Latzko und Stefan Zweig – eine schwierige Freundschaft. Der Briefwechsel 1918–1939.*

FORUM: ÖSTERREICH

Bd. 1 Jacques Lajarrige (Hg.): Soma Morgenstern – Von Galizien ins amerikanische Exil. Soma Morgenstern – De la Galicie à l'exil américain. 498 Seiten. ISBN 978-3-7329-0120-3

Bd. 2 Marc Lacheny: Littérature « d'en haut », littérature « d'en bas » ? La dramaturgie canonique allemande et le théâtre populaire viennois de Stranitzky à Nestroy. 352 Seiten. ISBN 978-3-7329-0197-5

Bd. 3 Stéphane Pesnel / Erika Tunner / Heinz Lunzer / Victoria Lunzer-Talos (Hg.): Joseph Roth – Städtebilder. Zur Poetik, Philologie und Interpretation von Stadtdarstellungen aus den 1920er und 1930er Jahren. 338 Seiten. ISBN 978-3-7329-0222-4

Bd. 4 Jessica Ortner: Poetologie „nach Auschwitz". Narratologie, Semantik und sekundäre Zeugenschaft in Elfriede Jelineks Roman *Die Kinder der Toten*. 382 Seiten. ISBN 978-3-7329-0187-6

Bd. 5 Andreas Latzko / Stella Latzko-Otaroff: Lebensfahrt. Erinnerungen. Herausgegeben und kommentiert von Georg B. Deutsch. 370 Seiten. ISBN 978-3-7329-0354-2

Bd. 6 Sylvie Grimm-Hamen: La carte et la pioche. Raoul Schrott, poète « entre deux eaux ». 312 Seiten. ISBN 978-3-7329-0419-8

Bd. 7 Jacques Lajarrige / Fried Nielsen (Hg.): Gregor von Rezzoris „Tanz mit dem Jahrhundert". 214 Seiten. ISBN 978-3-7329-0425-9

Bd. 8 Hans Weichselbaum (Hg.): Andreas Latzko und Stefan Zweig – eine schwierige Freundschaft. Der Briefwechsel 1918–1939. 152 Seiten. ISBN 978-3-7329-0436-5

Bd. 9 Sylvie Arlaud / Marc Lacheny / Jacques Lajarrige / Éric Leroy du Cardonnoy (Hg.): Dekonstruktion der symbolischen Ordnung bei Marlen Haushofer. *Die Wand* und *Die Mansarde*. 260 Seiten. ISBN 978-3-7329-0529-4

Bd. 10 Irène Cagneau / Sylvie Grimm-Hamen / Marc Lacheny (éd.): Les traducteurs, passeurs culturels entre la France et l'Autriche. 268 Seiten. ISBN 978-3-7329-0525-6

Frank & Timme

FORUM: ÖSTERREICH

Bd. 11 Mathias Meert: Intertextualität im dramatischen Werk Richard Beer-Hofmanns. 430 Seiten. ISBN 978-3-7329-0559-1

Bd. 12 Marc Lacheny / Maria Piok / Sigurd Paul Scheichl / Karl Zieger (Hg.): Französische Österreichbilder – Österreichische Frankreichbilder. 276 Seiten. ISBN 978-3-7329-0672-7

Bd. 13 Hans Weichselbaum (Hg.): Andreas Latzko und Hermann Bahr – eine Freundschaft aus rebellischem Geist. Der Briefwechsel 1919–1933. Mit zwei Erzählungen von Andreas Latzko. 166 Seiten. ISBN 978-3-7329-0695-6

Bd. 14 Maélys Vaillant: Heterotopien in den Hotelromanen Vicki Baums. 156 Seiten. ISBN 978-3-7329-0724-3

Frank & Timme